元脱脱等撰

宋史

第一六册

卷一〇八至卷二一四（志表）

中華書局

宋史卷二百八

志第一百六十一

藝文七

集類四：一曰楚辭類，二曰別集類，三曰總集類，四曰文史類。

楚辭十六卷楚屈原等撰。

楚辭十七卷後漢王逸章句。

晁補之續楚辭二十卷

又變離騷二十卷

黃伯思翼騷一卷

洪興祖補注楚辭十七卷　考異一卷

周紫芝竹坡楚辭贅說一卷

朱熹楚辭集註八卷　辨證一卷

黃銖楚辭協韻一卷

離騷一卷錢杲之集傳。

右楚辭十二部，一百四卷。

董仲舒集一卷
枚乘集一卷
劉向集五卷
王褒集五卷
揚雄集六卷
又二十四箴二卷
李尤集二卷
張衡集六卷
張超集三卷
蔡邕集十卷
諸葛亮集十四卷
曹植集十卷
魏文帝集一卷
王粲集八卷
陳琳集十卷
嵇康集十卷
阮林集十卷
張華集二卷
又詩一卷
江統集一卷
傅玄集一卷
束晳集一卷
張敏集二卷
潘岳集七卷
索靖集一卷
劉琨集十卷
陸機集十卷
陸雲集十卷
郭璞集六卷
蘭亭詩一卷

陶淵明集十卷
謝莊集一卷
顏延之集五卷
謝靈運集九卷
謝惠連集五卷
王僧達集十卷
鮑昭集十卷
江淹集十卷
王融集七卷
孔稚圭集十卷
謝朓集十卷
又詩一卷
顏之推稽聖賦一卷
梁簡文帝集一卷
昭明太子集五卷
沈約集九卷
又詩一卷
劉孝綽集〔二〕一卷
劉孝威集一卷
吳均詩集三卷
何遜詩集五卷
庾肩吾集二卷
任昉集六卷
庾信集二十卷
又哀江南賦一卷
陳后主集一卷
江總集七卷
沈炯集七卷
徐陵詩一卷
張正見集一卷

唐太宗詩一卷
玄宗詩一卷
王績集五卷
許敬宗集十卷
任敬臣集十卷
宋之問集十卷
沈佺期集十卷
崔融集十卷
李嶠詩十卷
蘇味道詩一卷
杜審言詩一卷
徐鴻詩一卷
王勃詩八卷
又文集三十卷
雜序一卷

楊炯集二十卷
又拾遺四卷
盧照鄰集十卷
駱賓王集十卷
陳子昂集十卷
劉希夷詩四卷
趙彥昭詩一卷
崔湜詩一卷
武平一詩一卷
李乂詩一卷
孫逖集二十卷
張說集三十卷
又外集二卷
蘇頲集三十卷
張九齡集二十卷

李白集三十卷
嚴從中黃子三卷
毛欽一集三十卷〔三〕
梁肅集二十卷
李翰集一卷
孟浩然詩三卷
王昌齡集十卷
崔顥詩一卷
盧象詩一卷
李適詩一卷
陶翰詩一卷
皇甫曾詩一卷
皇甫冉集二卷
嚴維詩一卷
祖詠詩一卷
丘爲詩一卷
常建詩一卷
岑參集十卷
崔國輔詩一卷
則天中興集十卷
又別集一卷
太宗御集一百二十卷
眞宗御集三百卷　目十卷
又御集一百五十卷
仁宗御集一百卷　目錄三卷
英宗御製一卷
神宗御筆手詔二十一卷
又御集一百六十卷
哲宗御製前後集共二十七卷
徽宗御製崇觀宸奎集一卷

又宮詞一卷

阮籍集十卷

阮咸集一卷

王道珪注哀江南賦一卷

張庭芳注哀江南賦一卷

陸淳東皐子集略二卷

魏文正公時務策五卷〔三〕

郭元振九諫書一卷

又安邦策三卷

李靖霸國箴一卷

王起注崔融寶圖贊〔四〕一卷

許恭集十卷

任希古集十卷

王勃舟中纂序五卷

盧照鄰幽憂子三卷

駱賓王百道判二卷

李嶠新詠一卷

吳筠一作「均」集十一卷

杜甫小集六卷

薛蒼舒杜詩刊誤一卷

元結元子十卷

又琦玕子一卷

常袞詔集二十卷

賀知章入道表一卷

鮑防集五卷

又雜感詩一卷

令狐楚梁苑文類三卷

李司空論事十七卷

馮宿集十卷

邵說集十卷

杜元穎五題一卷
李紳批答一卷
劉軻翼孟三卷
李德裕窮愁志三卷
又雜賦二卷
平泉草木記一卷
段全緯集五卷
薛逢別集九卷
李虞仲制集四卷
柳冕集四卷
李程表狀一卷
李羣玉後集五卷
又詩集二卷
令狐綯表疏一卷
夏侯韞與涼州書一卷

商璠丹陽集〔五〕一卷
舒元輿文一卷
譚正夫文一卷
張瑮一作「琛」文一卷
來擇秣陵子集一卷
又集三卷
齊夔文一卷
暢當詩一卷
皇甫松大隱賦一卷
于武陵詩一卷
陸希聲頤山錄詩一卷
陸鸞集一卷
沈棲遠景臺編十卷
袁皓集一卷
黃滔編略十卷

賈島小集八卷
費冠卿詩一卷
孟遲詩一卷
王德輿詩一卷
鄭谷宜陽集一卷
郁渾百篇一卷
周濆詩一卷
薛瑩洞庭詩一卷
李洞詩集三卷
丁稜詩一卷
朱鄴賦三卷
又詩三卷
盧延讓詩集一卷
楊弇詩一卷
賀蘭明吉集一卷

徐融集一卷
韋說詩一卷
劉綺莊集十卷
張琳集十卷
徐杲集八卷
宗嚴集一卷
薛逢賦四卷
又別紙十三卷
宋言賦一卷
郭賁體物集一卷
楊復恭行朝詩一卷
韓偓詩一卷
又入翰林後詩一卷
馮涓懷秦賦一卷
又集十三卷

龍吟集三卷
長樂集一卷
朱朴荆山子詩集四卷
又雜表一卷
孫郃〔六〕小集三卷
楊士達擬諷諫集五卷
陳光詩一卷
吳仁璧詩一卷
戚同文孟諸集二十卷
王振詩一卷
嚴虔崧寶囊五卷
又表狀五卷
倪明基詩一卷
李洪皐集二卷
又表狀一卷

韋文靖牋表一卷
崔昇魯史分門屬類賦一卷
韋鼎詩一卷
孫該詩一卷
衞單詩一卷
蔡融詩一卷
來鵬詩一卷
謝壁賦一卷
又詩集四卷
策林十卷
詠高士詩一卷
沃山焦山賦一卷
扈蒙鼇山集二十卷
毛欽一文二卷
張友正文一卷

南卓集一卷
陳陶文錄十卷
封鼇〔七〕翰藁八卷
胡會集十卷
李商隱賦一卷
又雜文一卷
劉鄴集四卷
又從事三卷
陳一作「劉」黯集一卷
陳汀五源文集三卷
又賦一卷
張次宗集六卷
劉三復景臺雜編十卷
又問遺集三卷
別集一卷

王瑕集十卷
倪曙獲藁集三卷
又賦一卷
皮日休別集七卷
陸龜蒙詩編十卷
又賦六卷
錢珝制集十卷
又舟中錄二十卷
楊夔集五卷
又賦一卷
冗書十卷
冗餘集十卷
鄭昌士白巖集五卷
又詩集十卷
程遜集十卷

温庭筠漢南眞藁十卷

又集十四卷

握蘭一作「簡」集三卷

記室備要三卷

詩集五卷

崔嘏管記集十卷

蔣文彧記室定名集三卷

盧肇愈風集十卷

又大統賦注六卷

海潮賦一卷

通屈賦一卷

鄭賓一作「寶」行宮集十卷

張澤飲河集十五卷

劉宗一作「榮」望制集八卷

陸扆禁林集七卷

張玄晏集二卷

高騈集三卷

李稹鼎國集三卷

顧雲集遺十卷

又賦二卷

啓事一卷

苕一作「昭」亭雜筆五卷

纂新文苑〔八〕十卷

苕一作「昭」川總載十卷

康軿九筆雜編十五卷

樂朋龜集七卷

又綸閣集十卷

徐寅別集五卷

吳融賦集五卷

崔致遠筆耕集二十卷

又別集一卷
崔藎集二卷
羅袞集二卷
李山甫雜賦二卷
李磎集四卷
羊昭業集十五卷
章震肥川集十卷
又磨盾集十卷
李景略南燕染翰二十卷
孫郃孫子文纂〔九〕四十卷
汪文蔚集三卷
劉韜美從軍集四十卷
郭子儀表奏五卷
顏眞卿集十五卷
元結集十卷

李峴詩一卷
常袞集三十三卷
又集十卷
韋應物集十卷
高適詩集十二卷
李嘉祐詩一卷
張謂詩一卷
盧綸詩一卷
李端詩三卷
耿緯〔一〇〕詩三卷
司空文明集一卷
韓翃〔一一〕詩五卷
錢起詩十二卷
郎士元詩二卷
張繼詩一卷

陸贄集二十卷
王仲舒制集二卷
羊士諤詩一卷
雍裕之詩一卷
裴度集二卷
武元衡詩三卷
權德輿集五十卷
韓愈集五十卷
又遺文一卷
昌黎文集序傳碑記一卷
西掖雅言五卷
祝充〔三〕韓文音義五十卷
朱熹韓文考異十卷
樊汝霖譜注韓文四十卷
洪興祖韓文年譜一卷
韓文辨證一卷
方崧卿韓集舉正一卷
柳宗元集三十卷
張敦頤柳文音辨一卷
劉禹錫集三十卷
又外集十卷
呂温集十卷
李觀集五卷
李賀集一卷
又外集一卷
歐陽詹集一卷
歐陽袞集一卷
張籍集十二卷
孟東野詩集十卷
李翺集十二卷

皇甫湜集八卷
賈島詩一卷
盧仝詩一卷
劉叉詩一卷
沈亞之詩十二卷
樊宗師集一卷
吳武陵詩一卷
張碧詩一卷
又歌行一卷
包幼正詩一卷
朱放詩二卷
符載集二卷
鮑溶歌詩五卷
李益詩一卷
李約詩一卷

熊孺登詩一卷
蔣防集一卷
崔元翰集十卷
張登集六卷
竇叔向詩一卷
竇鞏詩一卷
穆員集九卷
殷堯藩詩一卷
獨孤及集二十卷
張仲素詩一卷
劉言史詩十卷
章孝標集七卷
莊南傑雜歌行一卷
朱灣詩一卷
張祜詩十卷

李絳文集六卷

元稹集四十八卷

又元相逸詩二卷

趙暘詩一卷

白居易長慶集七十一卷

袁不約詩一卷

施肩吾集十卷

李甘集一卷

朱慶餘詩一卷

李程集一卷

王涯翰林歌詞一卷

令狐楚表奏十卷

又歌詩一卷

李涉詩一卷

楊巨源詩一卷

喻鳧詩一卷

薛瑩詩一卷

牛僧孺集五卷

李紳詩三卷

李德裕集二十卷

又別集十卷

記集二卷

姑臧集五卷德裕翰苑所作。

杜牧集二十卷

温庭筠集七卷

段成式集七卷

薛能詩集十卷

崔嘏制誥十卷

薛逢詩一卷

馬戴詩一卷

姚鵠詩一卷
顧況集十五卷
顧非熊詩一卷
裴夷直詩二卷
項斯詩一卷
劉駕古風詩一卷
李廓詩一卷
韓宗詩一卷
李遠詩一卷
曹鄴古風詩二卷
許渾詩集十二卷
姚合詩集十卷
李頻詩一卷
李郢詩一卷
雍陶詩集三卷

于鄴詩十卷
陸暢集一卷
劉得仁詩集一卷
趙嘏編年詩二卷
孫樵集三卷
儲嗣宗詩一卷
李鍇詩一卷
鄭巢詩一卷
鄭嵎津陽門詩一卷
李殷古風詩一卷
盧肇文標集三卷
李商隱文集八卷
又四六甲乙集四十卷
別集二十卷
詩集三卷

劉滄詩一卷
于鄴詩一卷
鄭畋集五卷
又詩集一卷
論事五卷
皮日休文藪十卷
胥臺集〔三〕一卷
弔江都賦一卷
劉蛻集十卷
李昌符詩一卷
侯圭江都賦一卷
沈光詩集一卷
陸龜蒙集四卷
喻坦之集一卷
周賀詩一卷

曹唐詩三卷
許棠詩集一卷
獨孤霖玉堂集二十卷
李山甫詩一卷
胡曾詠史詩三卷
又詩一卷
張喬詩一卷
王棨詩一卷
于濆古風詩一卷
聶夷中詩一卷
林寬詩一卷
薛廷珪鳳閣書詞十卷
羅虬比紅兒詩十卷
羅鄴詩一卷
羅隱湘南應用集三卷

又淮海寓言七卷
甲乙集三卷
外集詩一卷
啓事一卷
讒本三卷
讒書五卷
崔道融集九卷
高駢詩一卷
顧雲編藁十卷
又鳳策聯華三卷
司空圖一鳴集三十卷
崔塗詩一卷
崔魯詩一卷
林嵩詩一卷
王駕詩六卷

唐彥謙詩集二卷
方干詩二卷
徐凝詩一卷
周朴詩一卷
陳陶詩十卷
王貞白集七卷
陸希聲君陽遁叟山集記一卷
鄭渥詩一卷
鄭雲叟擬峯集二卷
杜甫詩二十卷
又外集一卷
杜詩標題三卷題鮑氏，不知名。
王維集十卷
賈至集十卷
又詩一卷

儲光羲集二卷
綦毋潛詩一卷
劉長卿集二十卷
蕭穎士集十卷
李華集二十卷
秦系秦隱君詩一卷
張鼎詩一卷
程晏集十卷
李華集二十卷〔一四〕
張南史詩一卷
陳黯集一卷
杜荀鶴唐風集二卷
嚴郾詩一卷
李溪奏議一卷
吳融集五卷
褚載詩〔一五〕一卷
曹松詩一卷
翁承贊詩一卷
張蠙詩一卷
孫郃集二卷
秦韜玉集三卷
鄭谷詩三卷
又詩一卷
外集一卷
韓偓香奩小集一卷
又別集三卷
王轂詩三卷
裴說詩一卷
李雄詩三卷
說李中集三卷

李善夷集六卷
黃璞集五卷
孫元晏六朝詠史詩一卷
竇永賦一卷
閻防詩一卷
王季友詩一卷
林藻集一卷
劉憲詩一卷
朱景玄詩一卷
蘇拯詩一卷
王建集十卷
楊炎集十卷
唐于公異奏記一卷
麴信陵詩一卷
劉商集十卷

戎昱集五卷
戴叔倫述藁十卷
張韋詩一卷
陳羽詩一卷
李愼詩一卷
劉威詩一卷
邵謁詩一卷
鄭昌士四六集一卷
柳郯詩一卷
任翻詩〔一六〕一卷
楊衡詩一卷
文丙詩一卷
皮氏玉筍集一卷不知作者。
黃滔莆陽黃御史集二卷
黃寺丞詩一卷不著名，題唐人。

蘆中詩二卷不知作者。

李琪金門集十卷

韋莊浣花集十卷

諫草一卷

殷文圭冥搜集二十卷

又登龍集十五卷

孫晟集五卷

李崧眞珠集一卷

高輦崑玉集一卷

馬幼昌集四卷

林鼎吳江應用二十卷

王叡炙轂子三卷

又聯珠集五卷

周延禧百一集二十卷

沈文昌集二十卷

張沈一飛集三卷

呂述東平小集三卷

馮道集六卷

又河間集五卷

詩集十卷

李松錦囊集三卷

又別集一卷

王仁裕乘輅集五卷

又紫閣集五卷

紫泥集十二卷

紫泥後集四十卷

詩集十卷

公乘億珠林集四卷

又華林集三卷

集七卷

賦十二卷

王超洋源集十卷

又鳳鳴集三卷

孫開物集十六卷

李琪應用集三卷

崔拙集二卷

李愚白沙集十卷

又五書一卷

丘光業詩一卷

錢鏐吳越石壁記一卷

孫光憲荆臺集四十卷

又筆傭集十卷

紀遇詩十卷

鞏湖編翫三卷

橘齋集二卷

和凝演論集三十卷

又游藝集五十卷

紅藥編五卷

賈緯草堂集二十卷

又續草堂集十五卷

張正西掖集三十卷

陳九疇集五卷

韋莊諫疏牋表四卷

楊懷玉忘筌集三卷

王倓後集十卷

喬諷集十卷

李洪茂集十卷

毛文晏昌城後寓集十五卷

又西閣集十卷

東壁出言三卷

杜光庭廣成集一百卷

又壺中集三卷

庾傳昌金行啓運集二十卷

李堯夫梓潼集二十卷

勾令言玄舟集十二卷

童九齡潼江集二十卷

王朴翰苑集十卷

李瀚丁年集十卷

塗昭良集八卷

李昊蜀祖經緯略一百卷

又樞機集二十卷

商文圭〔一七〕從軍藁二十卷

又鏤冰錄二十卷

筆耕詞二十卷

游恭東里集三卷

又廣東里集二十卷

短兵集三卷

朱潯昌吳啓霸集三十卷

沈松錢金集八卷

郭昭度芸閣集十卷

李氏金臺鳳藻集五十卷

李爲光斐然集五卷

程簡之金鏤集十二卷

沈顏陵陽集五卷

又聱書〔一八〕十卷

解聱十五卷

程柔安居雜著十卷

陳濬揖讓錄七卷

李煜集十卷

又集略十卷

詩一卷
宋齊丘祀玄集三卷
孫晟續古闕文一卷
陳致雍曲臺奏議集二十卷
孟拱辰鳳苑集三卷
湯筠戎機集五卷
喬舜擬謠十卷
張安石詩一卷
趙搏歌詩二卷
方納遠華集一卷
韋藹詩一卷
張傑詩一卷
謝皤隱雜感詩二卷
戴文一作「父」迴文詩一卷
守素先生遺榮詩集三卷

譚藏用詩〔九〕一卷
羅紹威政餘詩集一卷
章碣詩一卷
商緒潛陽詩集三卷
熊惟簡湘西詩集三卷
李明詩集五卷
郭鵬詩一卷
孟賓子金鼇詩集二卷
李叔文一作「父」詩一卷
王希羽詩一卷
廖光圖詩集二卷
廖凝詩集七卷
廖邈詩集二卷
廖融詩集四卷
王梵志詩集一卷

左紹沖集三卷

熊皦屠龍集五卷

章一作「辛」鄘詩一卷

朱存金陵覽古詩二卷

韓溉詩一卷

高蟾詩二卷

孫魴詩集三卷

成文幹詩集五卷

吳蛻一字至七字詩二卷

羅浩源廬山雜詠詩一卷

王遒一作「遵」詠史一卷

冀訪詠史十卷

孫玄晏覽北史三卷

崔道融申唐詩三卷

杜輦詠唐史十卷

趙容一作「谷」刺賢詩一卷

閻承琬詠史三卷

六朝詠史六卷

童汝爲詠史一卷

陸元皓詠劉子詩三卷

高邁賦一卷

謝觀賦集八卷

蔣防賦集一卷

俞巖賦集一卷

侯圭賦集五卷

鄭瀆賦二卷

王翃〔三〇〕賦集二卷

賈嵩賦集三卷

蔣凝賦集三卷

桑維翰賦二卷

林絢大統賦二卷
　大紀賦三卷
李希運兩京賦一卷
崔葆數賦十卷
毛濤一作「鑄」渾天賦一卷
劉惲悲甘陵賦一卷張龍泉、章孝標注。
盧獻卿愍征賦一卷
張瑩一作「策」弔梁「梁」下或有「郊」字賦一卷
王朴樂賦一卷
趙鄰幾禹別九州賦三卷
魯褒錢神論一卷
潘詢注才命論一卷
錢棲業太虛潮論一卷
杜光庭三教論一卷
　大寶論一卷

丁友亮唐興替論〔三〕一卷
丘光庭海潮論一卷
趙昌嗣海潮論一卷
　九證心戒一卷
杜嗣先兔園策十卷
鄭寬百道判一卷
吳康仁判一卷
崔銳判一卷
趙璘表狀一卷
李善夷表集一卷
鄭嵎表狀略三卷
彭壽啓狀一卷
鄭氏貽孫集四卷
張濬表狀一卷
李巨川啓狀二卷

鄭準渚宮集四卷
李蓊魚化集一卷
樊景表狀集五卷
羅貫啓狀二卷
梁震表狀一卷
趙仁拱潛龍筆職三卷
黃台江西表狀二卷
周愼辭表狀五卷
郭洪記室袖中備要三卷
金臺倚馬集九卷
擬狀制集三卷
章表分門一卷
兩制珠璣集二卷
搢紳集三卷
蓬壺集一卷
忘機子五卷
並不知作者。
張昭嘉善集五十卷
高錫簪履編七卷
王祜集二十卷
羅處約東觀集十卷
郭贄文懿集三十卷
陳摶釣潭集〔二二〕二卷
王溥集二十卷
趙上交集〔二三〕二十卷
薛居正集三十卷
竇儀端揆集四十五卷
白稹集十卷
徐鉉質論一卷
蘇易簡章表十卷

李昉集五十卷
朱昂集三十卷
王旦集二十卷
鞠常集二十卷
李瑩集十卷
梁周翰翰苑制草集二十卷〔二四〕
王禹偁制誥集十二卷
韓乂奏議三卷
楊億號略集〔二五〕七卷
劉宣集一卷
楊徽之集五卷
趙師民儒林舊德集三十卷
丘旭詩一卷
又賦一卷
曾致堯直言集一卷

張翼詩一卷
韋文化詔程詩一卷
趙晟金山詩一卷
李度策名詩一卷
楊日嚴集十卷
趙抃成都古今集三十卷
宋敏求書闈前後集西垣制詞文集四十八卷
呂惠卿文集一百卷
又奏議一百七十卷
龔鼎臣諫草三卷
程師孟文集二十卷
又奏議十五卷
楊繪文集八十卷
張方平玉堂集二十卷
王洙昌元集十卷

承幹文集十卷
田況文集三十卷
鄧綰治平文集三十卷
又翰林制集十卷
西垣制集三卷
奏議二十卷
雜文詩賦五十卷
劉彝明善集三十卷
又居易集二十卷
趙世繁歌詩十卷
張詵文集十卷
又奏議三十卷
韓絳文集五十卷
又內外制集十三卷
奏議三十卷
龐元英文集三十卷
李常文集六十卷
又奏議二十卷
孫覺文集四十卷
又奏議十二卷
外集十卷
呂公孺詩集奏議二十卷
熊本文集三十卷
又奏議二十卷
傅堯俞奏議十卷
葉康直文集十卷
李承之文集三十卷
又奏議二十卷
盧秉文集十卷
又奏議三十卷

晁補之雞肋集一百卷
王庠文集五十卷
劉紋集六十卷
孔文仲文集五十卷
孔武仲奏議二卷
蒲宗孟文集奏議七十卷
張利一奏議三卷
喬執中古律詩賦十五卷
又雜文碑誌十卷
趙仲庠內外制十卷
又雜文五十卷
制誥表章十卷
趙仲銳文集十卷
李之純文集二十卷
又奏議五卷

趙世逢英華集十卷
李清臣文集一百卷
又奏議三十卷
李新集四十卷
沈洙文集十卷
杜紘文集二十卷
又奏議十卷
後山集三十卷
曾肇元祐制集十二卷
又曲阜外集三十卷
張舜民畫墁集一百卷
王存文集五十卷
李昭集三十卷
蔣之奇荊溪前後集八十九卷
又別集九卷

北扉集九卷
西樞集四卷
巵言集五卷
芻言五十篇
舒亶文集一百卷
龔原文集七十卷
又潁川唱和詩三卷
安燾文集四十卷
又奏議十卷
張商英文集一百卷
蔡肇文集三十卷
劉跂集二十卷
秦敏學集二卷
曾孝廣文集二十卷
張閣文集二十卷

吳居厚文集一百卷
又奏議一百二十卷
呂益柔文集五十卷
又奏議一卷
姚祐文集六十卷
又奏議二十卷
上官均文集五十卷
又奏議十卷
葉煥繼明集一卷
趙仲御東堂集一卷
李長民汴都賦一卷
鮑慎由文集五十卷
游酢文集十卷
劉安世文集二十卷
許安國詩三卷

唐恪文集八十卷
譚世勣文集三十卷
又奏議二十一卷
外制五卷
師陶集二卷
孫希廣樵漁論三卷
竇夢證東堂集三卷
恭翔〔三六〕集十卷
又表奏集十卷
盧文度集二卷
崔氏干旟錄六卷
李愼儀集十二卷
唐鴻集五卷
青蕪編集一卷
陳光圖集七卷
李洪源集二卷
酈炎文四篇
沈彬閑居集十卷
羅隱後集二十卷
又汝江集三卷
歌詩十四卷
吳越掌書記集三卷
熊皎南金集二卷
龔霖詩一卷
倪曉賦一卷〔三七〕
譚用之詩一卷
扈載集五卷
南唐李後主集十卷
宋齊丘文傳十三卷
徐鍇集十五卷

馮延巳陽春錄一卷
田霖四六一卷
潘佑滎陽集二十卷
左偃鍾山集一卷
張爲詩一卷
徐寅〔三八〕探龍集五卷
張麟答興論三卷
楊九齡桂堂編事二十卷
蔡崑詩一卷
廖正圖詩一卷
劉昭禹詩一卷
孫魴詩五卷
李建勳集二十卷
杜田注杜詩補遺正繆十二卷
薛倉舒杜詩補遺五卷
續注杜詩補遺八卷
洪興祖杜詩辨證二卷
范質集三十卷
趙普奏議一卷
李瑩集一卷
陶穀集十卷
王佑襄陽風景古跡詩一卷
柳開集十五卷
徐鉉集三十二卷
湯悅集三卷
宋白集一百卷
又柳枝詞一卷
賈黃中集三十卷
李至集三十卷
張洎集五十卷

李諮集二十卷
楊朴詩一卷
潘閬詩一卷
羅處約詩一卷
李光輔集一卷
王操詩一卷
盧稹曲肱編六卷
趙湘集十二卷
古成之集三卷
章士廉集二卷
張君房野語三卷
李九齡詩集一卷
廖氏家集一卷
王禹偁小畜集三卷〔三九〕
又外集二十卷

承明集十卷
別集十六卷
田錫集五十卷
又別集三卷
奏議二卷
魏野草堂集二卷
又鉅鹿東觀集十卷
張詠集十卷
寇準詩三卷
又巴東集一卷
丁謂集八卷
又虎丘錄五十卷
刀筆集二卷
青衿集三卷
知命集一卷

胡旦集十六卷
陳靖集十卷
晁迥昭德新編三卷
穆修集三卷
熊知至集一卷
劉隨諫草二十卷
林逋詩七卷
又詩二卷
柴慶集十卷
劉夔應制一卷
謝伯初詩一卷
呂祐之集二十卷
錢惟演擁旄集五卷
陳堯佐愚丘集二卷
又潮陽新編一卷
石介集二十卷
夏竦集一百卷
又策論十三卷
宋庠緹巾集十二卷
又操縵集六卷
連珠一卷
王隨集二十卷
石延年詩二卷
宋郊文集四十四卷
宋祁集一百五十卷
又濡削一卷
刀筆集二十卷
西川猥藁三卷
鄭文寶集三十卷
楊億蓬山集五十四卷

又武夷新編集二十卷
潁陰集二十卷
刀筆集二十卷
別集十二卷
汝陽雜編二十卷
鑾坡遺札十二卷
劉筠冊府應言集十卷
又榮遇集二十卷
中山刀筆集〔三〇〕三卷
表奏六卷
肥川集四卷
韓丕詩三卷
种放集十卷
李介种放江南小集二卷
柴成務集二十卷

孫何集四十卷
孫僅詩一卷
許申集一卷
錢易集六十卷
高弁集三卷
錢昭度詩一卷
唐異詩集一卷
江爲詩一卷
李畋集十卷
張餗集三卷
張景集二十卷
郭震集四卷
鄭脩集一卷
許允豹詩一卷
劉若沖永昌應制集三卷

陳漸集十五卷
陳充民士編二十卷
錢彥遠諫垣集三十卷
又諫垣遺藁五卷
齊唐集三十卷
又策論十卷
鮑當集一卷
又後集一卷
何涉治道中術六卷
仲訥集十二卷
梅堯臣集六十卷
又後集二卷
畢田詩一卷
楊備姑蘇百題詩三卷
宋綬常山祕殿集三卷
又託居集〔三〕五卷
常山遺札三卷
許推官吟一卷
袁陟廬山四游詩一卷
又金陵訪古詩一卷
魯交集三卷
鄭伯玉詩一卷
顏太初集十卷
范仲淹集二十卷
又別集四卷
尺牘二卷
奏議十五卷
丹陽編八卷
呂申公試卷一卷
杜衍詩一卷

丘濬觀時感事詩一卷

囦編一卷

晏殊集二十八卷

又臨川集三十卷

詩二卷

二府集〔三〕十五卷

二府別集十二卷

北海新編六卷

平臺集一卷

胡宿集七十卷

又制詞四卷

包拯奏議十卷

廖偁朱陵編一卷

戴眞詩二卷

錢藻賢良策五卷

蘇舜欽集十六卷

張伯玉蓬萊詩二卷

孫復集十卷

周曇詠史詩八卷

尹洙集二十八卷

崔公度感山賦一卷

燕肅詩二卷

尹源集六卷

又幕中集十六卷

葉清臣集十六卷

李淑書殿集二十卷

又筆語十五卷

龍昌期集八卷

田況策論十卷

蔣康叔小集一卷

張俞集二十六卷
寇隨詩一卷
王琪詩二十卷
狄遵度集十卷
黃亢集十二卷
李問詩一卷
李祺刀筆集十五卷
又象臺四六集七卷
陳亞藥名詩一卷
黃通集三卷
湛俞詩一卷
江休復集四十卷
王回集十卷
蘇洵集十五卷
又別集五卷
李泰伯直講集三十三卷
又後集六卷
黃庶集六卷
劉輝集八卷
王同集十卷
王令集二十卷
又廣陵文集六卷
余靖集二十卷
又諫草三卷
孫沔集十卷
劉敞集七十五卷
蔡襄集六十卷
又奏議十卷
歐陽脩集五十卷
又別集二十卷

六一集七卷
奏議十八卷
內外制集十一卷
從諫集八卷
韓琦集五十卷
又諫垣存藁三卷
富弼奏議十二卷
又劄子十六卷
呂誨集十五卷
又章奏二十卷
趙抃南臺諫垣集二卷
又清獻盡言集二卷
元絳玉堂集二十卷
又玉堂詩十卷
鄭獬集五十卷

王陶詩三十卷
又集五卷
宋敏求東觀絕筆二十卷
晁端友詩十卷
程師孟長樂集一卷
陶弼集十五卷
強至集四十卷
邵雍集二十卷
張載集十卷
張先詩二十卷
陳襄集二十五卷
又奏議一卷
曾鞏元豐類藁五十卷
又別集六卷
續藁四十卷

揚蟠詩二十卷
袁思正集六卷
晁端忠詩一卷
章望之集四十卷
又集十一卷
吳頎詩一卷
劉渙詩十二卷
吳孝宗集二十卷
呂南公灌園集三十卷
王韶奏議六卷
李師中詩三卷
楊繪諫疏七卷
任大中集三卷
傅翼之集一卷
方子通詩一卷

王震元豐懷遇集七卷
張徽集三卷
又北閩詩一卷
王無咎集十五卷
司馬光集八十卷
又全集一百十六卷
龔鼎臣集五十卷
文彥博集三十卷
又顯忠集二卷
王安石集一百卷
張方平集四十卷
又進策九卷
王珪集一百卷
范鎮諫垣集十卷
又奏議二卷

程顥集四卷
朱光庭奏議三卷
范祖禹集五十五卷
王巖叟集四十卷
趙瞻集二十卷
又奏議十卷
楊傑集十五卷
又別集十卷
鮮于侁集二卷
蘇頌集七十二卷
又略集一卷
劉攽集六十卷
王剛中文集六卷
顏復集十三卷
孔平仲詩戲一卷
劉摯集四十卷
邢居實呻吟集一卷
陳軒綸閣編六卷
又榮名集二卷
臨汀集六卷
陳敦詩六卷
陳先生揭陽集十卷不知名。
劉定詩一卷
許彥國詩三卷
張重集八卷
王定民雙誨編二十四卷
何宗元十議三卷
張公庠詩一卷
韋驤集十八卷
又賦二十卷

李清臣集八十卷
又進策五卷
程頤集二十卷
蘇軾前後集七十卷
奏議十五卷
補遺三卷
南征集一卷
詞一卷
南省說書一卷
應詔集十卷
內外制十三卷
別集四十六卷
黃州集二卷
續集二卷
和陶詩四卷
北歸集六卷
儋耳手澤一卷〔三〕
年譜一卷王宗稷編。
蘇轍欒城集八十四卷
應詔集十卷
策論十卷
均陽雜著一卷
黃庭堅集三十卷
樂府二卷
外集十四卷
書尺十五卷
陳師道集十四卷
又語業一卷
秦觀集四十卷
蔣之奇集一卷

曾布集三十卷
呂惠卿集五十卷
曾肇集四十卷
又奏議十二卷
西垣集十二卷
庚辰外制集三卷
內制集五卷
張耒集七十卷
又進卷十二卷
李昭玘集三十卷
晁補之集七十卷
李廌集三十卷
蔡肇集六卷
又詩三卷
呂陶集六十卷

張舜民集一百卷
張商英集十三卷
鄭俠集二十卷
錢惟演伊川集五卷
陳簡能集一卷
馮京潛山文集一卷
陳舜俞集三十卷
又治說十卷
應制策論一卷
金君卿集十卷
劉煇東歸集十卷
王安國集六十卷
又序言八卷
王安禮集二十卷
范純仁忠宣集二十卷

又彈事五卷
國論五卷
韓維南陽集三十卷
又穎邸記室集一卷
奏議一卷
李復潏水集四十卷
傅堯俞集十卷
丁隲奏議二十卷
又奏議一卷
陳師錫奏議一卷
彭汝礪鄱陽集四十卷
龔夬奏議一卷
范百祿榮國集五十卷
又奏議六卷
內制五卷
外制五卷
鄒浩文卿集四十卷
郭祥正集三十卷
陳瓘集四十卷
又責沈一卷
諫垣集三卷
四明尊堯集五卷
了齋親筆一卷
尊堯餘言一卷
李新集四十卷
吳栻蜀道紀行詩三卷
又菴峯集一卷
徐積集三十卷
任伯雨戇草二卷
又乘桴集三卷

葛次仲集句詩三卷
鄭少微策六卷
石柔橘林集十六卷
謝逸集二十卷
又溪堂詩五卷
謝薖集十卷
陸純集一卷
張勵詩二十卷
廖正一集八卷
韓筠集一卷
張勸詩二卷
王宷南陔集一卷
楊天惠集六十卷
劉跂集二十卷王家撰。
唐庚集二十二卷
馬存集十卷
又經濟集十二卷
朱服集十三卷
毛滂集十五卷
李樵詩二卷
朱淢集十二卷
劉珏奏議一卷
崔鷗集三十卷
李若水集十卷
梅執禮集十五卷
晁說之集二十卷〔三四〕
楊時集二十卷
又龜山集三十五卷
李朴集二十卷
王安中集二十卷

徐俯集三卷
呂本中詩二十卷
翟汝文集三十卷
汪藻集六十卷
程俱集三十四卷
李綱文集十八卷
趙鼎得全居士集二卷
又忠正德文集十卷
朱勝非奏議十五卷
綦崈禮北海集六十卷
葉夢得石林集一百卷
又奏議十五卷
建康集八卷
孫覿鴻慶集四十二卷
汪伯彥後集二十五卷
又續編一卷
胡銓澹菴集七十卷
李光前後集三十卷
張澂澹巖集四十卷
李邴草堂後集二十六卷
饒節倚松集十四卷
吳則禮集十卷
韓駒陵陽集十五卷
又別集三卷
傅察集三卷
趙鼎臣竹隱畸士集四十卷
趙育酒隱集三卷
曾匪集十六卷
陳東奏議一卷
章誼奏議二卷

又文集二十卷
劉安世元城盡言集十三卷
許景衡橫塘集三十卷
田晝集二卷
劉弇龍雲集三十二卷
慕容彥逢集三十卷
李端叔姑溪集五十卷
又後集二十卷
米芾山林集拾遺八卷
倪濤玉溪集二十二卷
張彥實東牕集四十卷
又詩十卷
劉一止苕溪集五十五卷
王賞玉臺集四十卷
馮時行縉雲集四十三卷
高登東溪集十二卷
仲并浮山集十六卷
王洋東牟集二十九卷
關注集二十卷
葛立方歸愚集二十卷
曹勛松隱集四十卷
辛次膺奏議二十卷
又牋表十卷
周麟之海陵集二十三卷
王銍集二十三卷
任古拙齋遺藁三卷
任正言小醜集十二卷
又續集五卷
張積鶴鳴先生集四十一卷
呂大臨玉溪先生集二十八卷

胡恭政議進藁一卷
葉訪所業二卷
勾滋達齋文集七卷
吳正肅制科文集十卷
王發元祐進本制舉策論十卷
呂頤浩忠穆文集十五卷
張元幹蘆川詞二卷
三顧隱客文集十一卷
文選精理二十卷
岳陽黃氏靈仙集十五卷
以上不知名〔三〕。
宋初梅花千詠二卷
易安居士文集七卷宋李格非女撰。
又易安詞六卷
辛棄疾長短句十二卷
又稼軒奏議一卷
吳楚紀行一卷宋峽州守吳氏撰，不知名。
劉子翬屏山集二十卷
劉珙集九十卷
又附錄四卷
鄧良能書潛集三十卷
游桂畏齋集二十二卷
王十朋南游集二卷
又後集一卷
史浩眞隱漫錄五十卷
洪适盤洲集八十卷
洪遵小隱集七十卷
洪邁野處猥藁一百四卷
又瓊野錄三卷
劉儀鳳奇堂集三十卷

又樂府一卷
羅願小集五卷
張嵲紫微集三十卷
周紫芝太倉稊米集七十卷
毛幵樵隱集十五卷
張行成觀物集三十卷
倪文舉綺川集十五卷
張嗣良敝帚集十四卷
韓元吉愚戇錄十卷
又南澗甲乙藁七十卷〔三六〕
宋汝爲忠嘉集一卷
又後集一卷
陳熙甫奏箚一卷
陳康伯葛谿集三十卷
陳恬澗上卷三十卷
汪中立符桂錄三卷
王萊龜湖集十卷
何遲蒙野集四十九卷
曹彥章箕潁集一十卷
孫應時燭湖集十卷
沈與求龜溪集十二卷
呂祖儉大愚集十一卷
顏師魯文集四十四卷
陳峴東齋表奏二卷
聶冠卿蘄春集十卷
沈夏文集二十卷
陳正伯〔三七〕書舟雅詞十一卷
劉給事文集一卷
鄧忠臣文集十二卷
賀鑄慶湖遺老集二十九卷

林栗集三十卷
又奏議五卷
龔茂良靜泰堂集三十九卷
周必大詞科舊藁三卷
又掖垣類藁七卷
玉堂類藁二十卷
政府應制藁一卷
歷官表奏十二卷
省齋文藁四十卷
別藁十卷
平園續藁四十卷
承明集十卷
奏議十二卷
雜著述二十三卷
書藁十五卷
附錄五卷
朱松韋齋集十二卷
又小集一卷
朱熹前集四十卷
後集九十一卷
續集十卷
別集二十四卷
張栻南軒文集四十八卷
呂祖謙集十五卷
又別集十六卷
外集五卷
附錄三卷
汪應辰翰林詞章五卷
鄭伯熊集三十卷
鄭伯英集二十六卷

陸九淵象山集二十八卷

又外集四卷

潘良貴集十五卷

林待聘內外制十五卷

吳鎰敬齋集三十二卷

沈樞宣林集三十卷

吳芾湖山集四十三卷

又別集一卷

和陶詩三卷

附錄三卷

當塗小集八卷

吳天驥鳳山集十二卷

雍焯過溪前集二十卷

又後集三卷

趙彥端介菴集十卷

又外集三卷

介菴詞四卷

龐謙孺白蘋集藁四卷

李迎遺藁一卷

謝諤江行雜著三卷

曾丰樽齋緣督集十四卷

陳傅良止齋集五十二卷

陳亮集四十卷

又外集詞四卷

蔡幼學育德堂集五十卷

曾煥毅齋集十八卷

又臺城丙藁四卷

南城集十八卷

曾習之詩文二卷

蘇元老文集三十二卷

彭克玉壺梅花三百詠一卷
王景文集四十卷
劉安上文集四卷
劉安節文集五卷
周博士文集十卷不知名。
黃季岑三餘集〔三九〕十卷
吳億溪園自怡集十卷
周邦彥淸眞居士集十一卷
程大昌文集二十卷
蘇籀雙溪集十一卷
楊椿芸室文集七十五卷
蔣邁桂齋拙藁二卷
又施正憲遺藁二卷
丘崇文集十卷
羅適赤城先生文集十卷

王灼頤室文集五十七卷
余安行石月老人文集三十五卷
陸游劍南續藁二十一卷
又渭南集五十卷
費氏芸山居士文集二十一卷不知名。
李正民大隱文集三十卷
杜受言碔砆集十三卷
鄧肅栟櫚集二十六卷
胡安國武夷集二十二卷
胡寅斐然集二十卷
程敦儒寵堂集六十八卷
又後集二十卷
朱翌集四十五卷
又詩三卷
廖剛高峯集十七卷

趙令時安樂集三十卷
陸九齡文集六卷
周孚鉛刀編三十二卷
玉堂梅林文集二十卷
又雲溪類集三十卷
李璜藁菴文集十二卷
江公望釣臺棄藁十四卷
吳沈環溪集八卷
月湖信筆三卷不知作者。
趙雄奏議二十卷
許開志隱類藁二十卷
項安世丙辰悔藁四十七卷
趙逵棲雲集二十五卷
黃策集四十卷
連寶學奏議二卷不知名。
衞膚敏諫議遺藁二卷
姜夔白石叢藁十卷
陳伯魚澹齋草紙目錄四十二卷
彭龜年止堂集四十七卷
彭鳳梅坡集五卷
李彌遜筠溪集〔三九〕二十四卷
龔日華北征讜議十一卷
蕭之敏直諒集三卷
李士美北門集四卷
劉淸之文集二十三卷
葉適文集二十八卷
周南山房集五卷
王秬復齋制表一卷
倪思奏議二十六卷
又歷官表奏十卷

翰林奏草一卷

翰林前藁二十卷

翰林後藁二卷

畢仲游文集五十卷

王之道相山居士文集二十五卷

又相山長短句二卷

王從三近齋餘錄五卷

謝伋藥寮叢藁二十卷

羅點奏議二十三卷

李蘩奏議二卷

詹儀之奏議二卷

胡執萬石書一卷

周行己集十九卷

鮑欽止集二十卷

黃裳集六十卷

林敏功集十卷

方孝能文集一卷

王庠集五十卷

秦敏學集二卷

姚述堯簫臺公餘一卷

蒙泉居士韓文英華二卷

蘇過斜川集十卷

王彥輔鳳臺子和杜詩三卷

杜甫詩詳說二十八卷不知作者。

郭徹南湖詩八卷

陸長翁文集四十卷

詹叔義狂夫論十二卷

朱敦儒陳淵集二十六卷

又詞三卷

王寔集三十卷

蘇庠集三十卷
李師稷皇華編一卷
劉一止集五十卷苕溪集多五卷。張攀書目以此本為非有齋類藁(四〇)。
葛勝仲集八十卷
傅崧卿集六十卷
又奏議二卷
制誥三卷
勾龍如淵雜著一卷
洪皓集十卷
胡宏集一卷
曾惇詩一卷
黃邦俊集三卷
又強記集八卷
江袞集二十卷

盛湫策論一卷
潘闓集杜詩句一卷
林震集句二卷
溢江集六卷不知作者。
周總集一卷
張守集五十卷
又奏議二十五卷
又十八卷
范成大石湖居士文集卷亡。
又石湖別集二十九卷
石湖大全集一百三十六卷
許翰襄陵文集二十二卷
樓鑰文集一百二十卷
張宰蓮社文集五卷
胡世將集十五卷

又忠獻胡公集六十卷
洪龜父詩一卷
柯夢得抱甕集十五卷
姜如晦月溪集三十二卷
錢聞詩文集二十八卷
又廬山雜著三卷
芮暉家藏集七卷
王咨雪齋文集四十卷
李燾文集一百二十卷
薛齊誼六一先生事證一卷告詞附。
王大昌六一先生在滁詩一卷
王居正〔四二〕竹西文集十卷
李觀顯親集六卷
陳汝錫鶴溪集十二卷
陳逢寅山谷詩注二十卷

朱熹校昌黎集五十卷
王洙注杜詩三十六卷
方醇道類集杜甫詩史三十卷
僧道翹寒山拾得詩一卷
傅自得至樂齋集四十卷
俞汝尙溪堂集四卷
劉燾詩集二十卷
方惟深集十卷
又錄一卷
王庭雲壑集三卷
蔡柟浩歌集一卷
王庭珪盧溪集十卷
邵緝荆溪集八卷
吳氏符川集一卷不知名。
陳克天台詩十卷

又外集四卷
劉綺清溪詩集三卷
王質雪山集三卷
蕭德藻千巖擇藁七卷
又外編三卷
楊萬里江湖集十四卷
又荆溪集十卷
西歸集八卷
南海集八卷
朝天集十一卷
江西道院集三卷
朝天續集八卷
江東集十卷
退休集十四卷
危稹文集二十卷

林憲雪巢小集二卷
葉鎭會稽覽古詩一卷
邵博文集五十七卷
鄭剛中文集八卷
李浩文集二卷
許及之文集三十卷
又涉齋課藁九卷
黄幹文集十卷
錦屛先生文集十一卷不知名。
祝充韓文音義五十卷
宋德之青城遺藁二卷
沈渙文集五卷
王洓文集二十卷
毛友文集四十卷
王性之〔四三〕雪溪集八卷

范浚香溪文集二十二卷
胡嶧如村冗藁二十卷
唐文若遯菴文集三十卷
黃公度莆陽知稼翁集十二卷
方有開文集一卷
陳桷文集十六卷
陳與義詩十卷
又岳陽紀詠一卷
張文伯江南凱歌二十卷
曾幾集十五卷
張孝祥文集四十卷
又詞一卷
古風律詩絕句三卷
石行正玉壘題詠九卷
何耕勸戒詩一卷

孫稽仲谷橋愚藁十卷
臨卭計用章集十二卷
李縝梅百詠詩一卷
倪正甫兼山小集三十卷
黃畬復齋漫藁二卷
丁逢南征詩一卷
京鏜詩七卷
又詞二卷
趙時逢山牎斐藁一卷
王稱詩四卷
徐璣泉山詩藁一卷
黃虒詩藁一卷
黃景說白石丁藁一卷
吳賦之文集一卷
曾布之丹丘使君詩詞一卷

朱存金陵詩一卷
石召集一卷
潘咸詩一卷
文史聯珠十三卷不知作者。
得全居士詞一卷不知名。
汪遵詠史詩一卷
韓遂詩一卷
張安石集一卷
盧士衡詩一卷
葉楚詩一卷
陳三思詩一卷
丁稜詩一卷
江漢編七卷不知作者。
晉惠遠廬山集十卷
僧棲白詩一卷
僧子蘭詩一卷
僧懷浦詩集一卷
僧安綬鴈蕩山集一卷
僧虛中詩一卷
僧貫休集三十卷
僧清塞集一卷
僧齊已集十卷
又白蓮華或無「華」字編外集十卷
僧義現集三卷
僧應之集一卷
僧承訥集一卷
僧無願集一卷
僧靈穆集一卷
僧靈謖筠源集十卷
僧可朋玉壘集十卷

僧自牧括囊集十卷
僧賓付集一卷
僧尙顏荊門集五卷
僧曇域龍華集十卷
僧文雅集一卷
僧光白蓮社集二十卷
又虎溪集十卷
僧處默詩一卷
僧希覺擬江東集五卷
僧鴻漸詩一卷
僧智暹詩一卷
僧康白詩十卷
僧惠崇詩三卷
僧文暢碧雲集一卷
僧楚巒詩一卷

僧皎然詩十卷
僧無可詩一卷
僧靈澈詩一卷
僧脩睦詩一卷
僧彙征集三卷
僧本先集一卷
僧文彧詩一卷
僧祕演集二卷
僧保暹集二卷
僧智圓間居編五十一卷
僧大容集一卷
僧來鵬詩一卷
僧可尙揀金集九卷
僧惠澄詩一卷
僧有鵬詩一卷

僧警淳詩一卷
僧靈一詩一卷
止禪師青谷集二卷
僧惠洪物外集二卷
又石門文字禪三十卷
僧祖可詩十三卷
道士主父果詩一卷
魚玄機〔四〕詩集一卷
李季蘭詩集一卷唐女道士李裕撰。
勾台符臥雲編三卷
石仲元詩二卷
謝希孟詩二卷

又采蘋詩一卷
曹希蘊歌詩後集二卷
蒲氏玉清編一卷
吳氏南宮詩二卷
王尙恭詩一卷王亢女。
徐氏閨秀集一卷
王氏詩一卷
王綸瑤臺集二卷
許氏詩一卷許彥國母。
楊吉登瀛集五卷
劉京集四十卷

右別集類一千八百二十四部，二萬三千六百四卷。

校勘記

〔一〕劉孝綽集　原作「劉子綽集」，據隋書卷三五經籍志、書錄解題卷一九改。

〔二〕毛欽一集三十卷　此下原注「李白撰」。按此書與李白無涉，原注當是衍文，今刪。

〔三〕魏文正公時務策　按本書卷二〇五藝文志雜家類有「魏徵時務策」。魏徵謚文貞，見舊唐書卷七一及新唐書卷九七本傳。「正」字蓋宋人諱改。

〔四〕寶圖贊　原作「寶國贊」，據新唐書卷六〇藝文志、崇文總目卷五改。

〔五〕商璠丹陽集　書錄解題卷一五說：殷璠，唐進士，所著有丹陽集及河嶽英靈集。本書卷二〇九藝文志總集類重出「殷璠丹陽集」。「商」字蓋宋人諱改。

〔六〕孫郃　原作「孫部」，據新唐書卷六〇藝文志、崇文總目卷五改。下文同改。

〔七〕封鼇　新唐書卷六〇藝文志、通志卷七〇藝文略都作「封敖」。

〔八〕纂新文苑　「文苑」二字原脫，據新唐書卷六〇藝文志、崇文總目卷五補。

〔九〕孫郃孫子文纂　「孫郃」原作「孫邵」，「子文」二字原倒。據新唐書卷六〇藝文志、通志卷七〇藝文略改。

〔一〇〕耿緯　新唐書卷六〇藝文志、卷二〇三盧綸傳及崇文總目卷五都作「耿湋」。

〔一一〕韓翃　原作「韓翊」，據新唐書卷六〇藝文志、卷二〇三盧綸傳及崇文總目卷五改。

〔一二〕祝充　原作「祝光」，據下文「祝充韓文音義」條及郡齋志附志卷五下改。

〔一三〕胥臺集　原作「滑臺集」，據新唐書卷六〇藝文志、崇文總目卷五改。

〔一四〕李華集二十卷　按此書已見前，新唐書卷六〇藝文志、通志卷七〇藝文略都著錄李華前集十卷、李華中集二十卷，疑前書與此書都有脫誤。

〔一五〕褚載　原作「楮載」，據新唐書卷六〇藝文志、通志卷七〇藝文略改。

〔一六〕任翻詩　原作「任藩詩」，據新唐書卷六〇藝文志、崇文總目卷五改。

〔一七〕商文圭　按上文已錄有「殷文圭冥搜集」，「殷」作「商」，係宋人諱改。書錄解題卷一九，謂殷文圭之子崇義歸宋，更姓名爲「湯悅」。故宋人書目，或題湯文圭、商文圭、殷文圭，實爲一人。

〔一八〕聱書　原作「聲書」，據新唐書卷六〇藝文志、崇文總目卷五改。

〔一九〕譚藏用詩　「藏用」二字原倒，據新唐書卷六〇藝文志、崇文總目卷五改。

〔二〇〕王翃　原作「王雄」，據新唐書卷六〇藝文志、崇文總目卷五改。

〔二一〕唐興替論　「替」原作「贊」，據祕書省續四庫書目、通志卷七〇藝文略改。

〔二二〕釣潭集　原作「鈞潭集」，據本書卷四五七本傳改。

〔二三〕趙上交集　原作「趙上文集」，據崇文總目卷五、本書卷二六二本傳改。

〔二四〕梁周翰翰苑制草集　原脫一「翰」字，據本書卷四三九本傳、崇文總目卷五、通志卷七〇藝文略補。

〔三五〕虢略集　「虢」原作「號」，據崇文總目卷五、通志卷七〇藝文略改。

〔三六〕恭翔　按舊五代史卷一八、新五代史卷二一都有敬翔傳。「恭」字蓋避宋諱改。

〔三七〕倪曉賦一卷　按倪曉，本名倪曙。上文已著錄「倪曙賦一卷」。據崇文總目卷五稱，「曉」字爲宋人諱改。

〔三八〕徐寅　原作「徐演」，據崇文總目卷五、通志卷七〇藝文略改。

〔三九〕王禹偁小畜集三卷　按書錄解題卷一七、郡齋志卷一九並作「三十卷」，今存本同。「三」下疑脫「十」字。

〔四〇〕中山刀筆集　「中山」二字原倒，據書錄解題卷一七、郡齋志卷一九乙正。

〔四一〕託居集　原作「託車集」，據祕書省續四庫書目、通志卷七〇藝文略改。

〔四二〕二府集　原作「二州集」，據書錄解題卷一七、遂初堂書目改。

〔四三〕儋耳手澤一卷　按本書卷二〇三藝文志已有「蘇轍儋耳手澤」，此處重出，當注明蘇轍編錄。

〔四四〕晁說之集二十卷　「之」下原脫「集」字，按：書錄解題卷一八有景迂集二十卷，晁說之以道撰。遂初堂書目作「晁說之集」。據補。

〔四五〕以上不知名　「以上」原作「以下」，誤，今改。

〔四六〕又南澗甲乙藁七十卷　原置張嗣良敝帚集十四卷後。按：「南澗甲乙藁」今存，宋韓元吉撰。書錄解題卷一八也作韓元吉撰。原刊誤置，今改置「韓元吉愚贛錄十卷」後。

〔三七〕陳正伯　按書錄解題卷二一、四庫提要卷一九八，「陳」作「程」。

〔三八〕三餘集　原作「玉餘集」，據四庫提要卷一五六、四庫提要補證卷四七、國史經籍志改。

〔三九〕李彌遜筠溪集　「彌遜」原作「彌遠」。據原書附錄李彌遜家傳、書錄解題卷一八改。

〔四〇〕非有齋類藁　「非」下原脫「有」字，據書錄解題卷一八、通考卷二三九經籍考補。

〔四一〕王居正　原作「汪居正」，據書錄解題卷一八、遂初堂書目改。

〔四二〕王性之　「王性之」原作「王惟之」，據書錄解題卷一八、四庫提要卷一五八改。

〔四三〕魚玄機　原作「魯玄機」，據書錄解題卷一九、通考卷二四三經籍考改。

宋史卷二百九

志第一百六十二

藝文八

孔逭文苑十九卷
蕭統文選六十卷李善注。
庾自直類文三百六十二卷
竇嚴〔一〕東漢文類三十卷
五臣注文選三十卷
周明辨文選彙聚十卷
文選類聚十卷
常寶鼎文選名氏類目十卷
卜鄰續文選二十三卷
樂史唐登科文選五十卷
宋白文苑英華一千卷　目五十卷
朱遵度〔二〕羣書麗藻一千卷　目五十卷
王逸〔三〕楚辭章句二卷
楚辭釋文一卷
離騷約二卷
徐鍇賦苑二百卷　目一卷

廣類賦二十五卷

靈仙賦集二卷

甲賦五卷

賦選五卷

江文蔚唐吳英秀賦七十二卷

桂香賦集三十卷

楊翺典麗賦六十四卷

類文賦集一卷

謝壁七賦一卷

杜鎬君臣賡載集三十卷

李虛己明良集五百卷

劉元濟正聲集五卷

王正範〔四〕續正聲集五卷

又洞天集五卷

韋莊採玄集一卷

陳正圖備遺綴英集二十卷

劉明素麗文集五卷

劉松宜陽集十卷

叢玉集七十卷

李商隱桂管集二十卷

樂贍文囿集十卷

雜文集二十卷

劉贊蜀國文英八卷

分門文集十卷

劉從義遺風集二十一卷

游恭短兵集三卷

鮑溶集六卷

皮日休文藪一卷

徐陵玉臺新詠十卷

廣玉臺集三十卷

文選後名人詩九卷

高仲武詩甲集五卷

詩乙集五卷

唐省試詩集三卷

顧陶〔五〕唐詩類選二十卷

鍾安禮資吟五卷

張爲前賢詠題詩三卷

僧玄鑒續古今詩集三卷

詩纘集三卷

元稹、白居易、李諒杭越寄和詩集一卷

唐集賢院詩集二卷

蘇州名賢雜詠一卷

新安名士詩三卷

應制賞花詩十卷

許恭宗〔六〕文館詞林詩一卷

喬舜桂香詩一卷

雍子方、沈括編集賢院詩二卷

趙仲庠詩十卷

朱壽昌樂府集十卷

蔣文彧廣樂府集三卷

許南容五子策林十卷

周仁瞻古今類聚策苑十四卷

禮部策十卷

楊協論苑十卷

唐凌煙閣功臣贊一卷

國子監武成王廟贊二卷

大中祥符封禪祥瑞贊五卷

丁謂大中祥符祀汾陰祥瑞贊五卷

馬文敏王言會最抄五卷

唐制誥集十卷

元和制誥集十卷
元和制策三卷
滕宗諒大唐統制三十卷
擬狀注制集十卷
費乙舊制編錄六卷
貞元制敕書奏一卷
毛文晏咸通痲制一卷
雜制詔集二十一卷
朱梁宣底八卷
制誥一作「詔」二卷
後唐麻藁集三卷
長興制集四卷
江南制集七卷
吳越石壁集二卷
李愼儀集制二十卷

五代國初內制雜編十卷
建隆景德雜麻制十五卷
神哲徽三朝制誥三卷
李琪玉堂遺範三十卷
蔡省風瑤池集二卷
唐哀册文四卷
孫洙褒恤雜錄三卷
晉宋齊梁彈文四卷
馬總奏議集二十卷
張元歜歷代忠諫事對十卷
歷代名臣文疏三十卷
唐名臣奏七卷
張易唐直臣諫奏七卷
御集諫書八十卷
唐奏議駁論一卷

趙元拱諫爭集十卷
唐初表章一卷
毛漸表奏十卷
任諒建中治本書一卷
沈常總戎集十卷
顧臨、梁燾總戎集十卷
續羽書六卷
王紹顏軍書十卷
李緯縱横集二十卷
趙化基止戈書五十卷
張鍘管記苑十卷
李大華掌記略十五卷
新掌記略九卷
林逢續掌記略十五卷
唐格羣經雜記十卷

周明辨五經手判六卷
徐德言分史衡鑑十卷
劉攽經史新義一部卷亡。
南康筆代耕心鑑十卷
干祿寶典二十七卷
薛廷珪克家志九卷
趙世繁忠孝錄五卷
趙世逢幽居錄五卷
臧嘉猷羽書集三卷
呂延祚注文選〔七〕三十卷
劉允濟金門待詔集五卷
僧惠淨續古今詩苑英華十卷
孫翌正聲集三卷
崔融珠英學士集五卷
竇常南薫集三卷

搜玉集一卷唐崔湜至融，凡三十七人，集者不知名。

太平內制三卷睿宗、玄宗時制詔。

賀鑑歸鄉集一卷

奇章集四卷李林甫至崔湜百餘家詩〔八〕。

唐德音三十卷起武德元年五月，迄天寶十三年正月。

張曲江雜編一卷

集者並不知名。

李康玉臺後集十卷〔九〕

殷璠河嶽英靈集二卷

又丹陽集一卷

蕭昕送邢桂州詩一卷

曾恩起予集五卷

李吉甫麗則集五卷

又類表五十卷

許孟容謝亭詩集一卷

竇氏聯珠集〔一〇〕一卷

馬總唐名臣奏議集二十卷〔一一〕

送毛仙翁詩集一卷牛僧孺、韓愈等贈。

高仲武中興間氣集二卷錢起、張衆甫等詩。

集賢院諸廳壁記二卷李吉甫、武元衡、常袞題詠集。

大曆浙東酬唱集一卷

臨淮尺題集二卷

臨平詩集一卷

送白監歸東都詩一卷

洛中集一卷

名公唱和集四卷

垂風集一卷

咸通初表奏集一卷

唐十九家詩十卷

雲門寺詩一卷
章奏集類二十卷
唐百家詩選二十卷
陸海六卷
集者並不知名。
令狐楚斷金集一卷
又纂雜詩一卷
劉禹錫彭陽唱和集二卷
又彭陽唱和後集一卷
汝洛唱和集三卷
吳蜀集一卷
劉白唱和集三卷
段成式漢上題襟十卷
檀溪子道民連璧詩集三十二卷
孟啓本事詩〔三〕一卷

盧瓌〔三〕抒情集二卷
僧謽光上人詩一卷
姚合極玄集一卷
韋莊又玄集三卷
皮日休松陵集十卷
柳宗直西漢文類四十卷
芮挺章國秀集三卷
宋太祖、眞宗御製國子監兩廟贊二卷
賜陳摶詩八卷
送張無夢歸山詩一卷
賜王詔手詔一卷
漢魏文章二卷
漢名臣奏二卷
漢賢遺集一卷
三國志文類六十卷

晉代名臣集十五卷

謝氏蘭玉集十卷

古詩選集十卷

宋二百家詩二十三卷

長樂三王雜事十四卷

集者並不知名。

陳彭年宸章集二十五卷

宋綬本朝大詔令二百四十卷

又唐大詔令一百三十卷　目錄三卷

洪遵中興以來玉堂制草三十四卷

周必大續中興玉堂制草三十卷

韓忠彥追榮集一卷

朱翌五制集一卷

熊克京口詩集十卷

李仁剛浯溪古今石刻集錄一卷

侍其光祖浯溪石刻後集再集一卷

李燾謝家詩集一卷

曾慥宋百家詩選五十卷

又續選二十卷

吳說編古今絕句三卷

廖敏得浯溪石刻續集一卷

呂祖謙東萊集詩二卷

孔文仲三孔清江集四十卷

壯觀類編一卷劉燾、楊萬里、米芾等作。

邵浩坡門酬唱二十三卷

倪恕安陸酬唱集六卷

管銳横浦集二卷

方松卿續横浦集十二卷

趙不敵清漳集三十卷

廖遲樵川集十卷

洪适荊門惠泉詩集二卷
詹淵括蒼集三卷
陳百朋續括蒼集五卷
柳大雅括蒼別集四卷
胡舜舉劍津集十卷
許份漢南酬唱集一卷
楊恕臨江集三十四卷
汪泱元祐榮觀集五卷
衞博定菴類藁十二卷
于霆南紀集五卷
湯邦傑南紀別集一卷
家求仁名賢雜詠五十卷
又草木蟲魚詩六十八卷
程九萬三老奏議七卷
畢仲游元祐館職詔策詞記一卷

謝逸溪堂師友尺牘六卷
羅唐二茂才重校唐宋類詩二十卷
三洪制藁六十二卷洪适、遵、邁撰。
李壁中興諸臣奏議四百五十卷
洪邁唐一千家詩一百卷
三蘇文集一百卷郎曄進。
臨賀郡志二卷
相江集十卷
豫章類集十卷
千家名賢翰墨大全五百一十八卷
三蘇文類六十八卷
續本事詩二卷
集選一百卷
唐賢長書一卷
唐三十二僧詩一卷

四僧詩八卷
唐雜詩一卷
五代制詞一卷
重編類啓十卷
潤州金山寺詩一卷
集者並不知名。
蔡省風瑤池集一卷
陳匡圖擬玄類集十卷
韋縠〔一四〕唐名賢才調詩集十卷
李昉、扈蒙文苑英華一千卷
劉吉江南續又玄集二卷
田錫唐明皇制誥後集一百卷
蘇易簡禁林宴會集一卷
子起家宴集五卷不知姓。
楊徽論苑十卷

馮翊嚴滁州琅琊山古今名賢文章一卷
朱博叢玄集二十卷
二李唱和詩一卷李昉、李至作。
楊億西崑酬唱集二卷
陳充九僧詩集一卷
四釋聯唱詩集一卷丁謂序。
楊偉琥郡文齋集五卷
姚鉉唐文粹一百卷
謫仙集十卷勾龍震集古今人詞，以李白爲首。
僧仁贊唐宋類詩二十卷
許洞徐鉉雜古文賦一卷
郭希朴養閑亭詩一卷
幼暐金華瀛洲集三十卷
王咸典麗賦九十三卷〔一五〕
華林義門書堂詩集一卷王欽若、錢惟演等作。

張逸、楊諤潼川唱和集一卷
李祺天聖賦苑一十八卷
又珍題集三十卷
滕宗諒岳陽樓詩二卷
陶叔獻西漢文類四十卷
徐徽滁陽慶曆集十卷
韓琦閱古堂詩一卷
送僧符遊南昌集一卷范鎮序。
石聲編一卷趙師旦家編集。
南犍唱和詩集一卷吳中復、吳秘、張谷等作。
鄭雍古今名賢詩二卷
歐陽脩禮部唱和詩集三卷
送元絳詩集一卷
送文同詩一卷鮮于侁序。
晏殊、張士遜笑臺詩一卷

慧明大師靈應天竺集一卷
宋璋錦里玉堂編五卷
孫洙褒題集三十卷
又張氏詩傳一卷
宋敏求寶刻叢章三十卷
寶刻叢章拾遺三十卷
孫氏吳興詩三卷不知名。
姚闢荆溪唱和一卷
林少穎觀瀾文集六十三卷
呂祖謙皇朝文鑑一百五十卷
又國朝名臣奏議十卷
呂本中江西宗派詩集一百十五卷
曾紘江西續宗派詩集二卷
石處道松江集一卷
江文叔桂林文集二十卷

劉褒續集十二卷
黃岦續乙集八卷
張脩桂林集十二卷
徐大觀又續集四卷
丁逢郴江前集十卷
又後集五卷
郴江續集九卷
楊倓南州集十卷
王仁澧陽集四卷
道士田居實司空山集二卷
姜之茂臨川三隱詩集三卷
熊克館學喜雪唱和詩二卷
陳天麟遊山唱和一卷
史正心清暉閣詩〔一六〕一卷
葛郛載德集四卷

王十朋楚東唱酬集一卷
莫琮椿桂堂詩一卷
何紘籍桂堂唱和集一卷
莫若冲清湘泮水酬和一卷
陳讜西江酬唱一卷
廖伯憲岳陽唱和三卷
黃學行又乙集一卷
劉璿政和縣齋酬唱一卷
林安宅南海集三十卷
曾肇滁陽慶曆前集〔一七〕十卷
吳珏滁陽慶曆後集十卷
干越題詠三卷李幷序。
郝篪都梁集十卷
西湖寓隱回文類聚一卷
郢州白雪樓詩一卷蕭德藻序。

三蘇翰墨一卷蘇軾等書。
桂香集六卷
留題落星寺詩一卷
翰苑名賢集一卷
宋賢文集三卷
宋賢文藪四十卷
先容集一卷
制誥章表二卷
又制誥章表十五卷
儒林精選時文十六卷
玉堂詩三十六卷
辭林類藳三卷
海南集十八卷
鄞江集九卷
嘉禾詩文一卷
潯陽琵琶亭紀詠三卷
潯陽庾樓題詠一卷
滕王閣詩一卷
膾炙集一卷
玉枝集三十二卷
永康題紀詩詠十三卷
聖宋文粹三十卷
布袋集一卷
元祐密疏一卷
唐宋文章二卷
聖宋文選十六卷
唐宋詩後集十四卷
君山寺留題詩集一卷
制誥三卷
春貼子詞一卷

高麗表章一卷
登瀛集五十二卷
羅浮寓公集三卷
羅浮一卷集者不知名。
陳材夫仕途必用集十卷
翁忱岳陽別集二卷
鍾興秭歸集八卷
卜無咎廬山記拾遺一卷
商侑盛山集一卷
劉充唐詩續選十卷
王安石建康酬唱詩一卷
又唐百家詩選二十卷
四家詩選十卷
送朱壽昌詩三卷
韓忠彥考德集三卷

元積中江湖堂詩集一卷
孔延之會稽掇英集二十卷
程師孟續會稽掇英集二十卷
曾公亮元日唱和詩一卷
孫覺荔枝唱和詩一卷
蒲宗孟曾公亮勳德集三卷
馬希孟揚州集三卷
曾旼潤州類集十卷
魏泰襄陽題詠二卷
蘇夢齡摛華集三卷
王得臣江夏古今紀詠集五卷
楊傑高僧詩一卷
孫頎抄齋唱和集一卷
薛傳正錢塘詩前後集三十卷
唐愈江陵集古題詠十卷

章棻成都古今詩集六卷
孫永康簡公崇終集一卷
道士龔元正桃花源集二卷
紹聖三公詩三卷司馬光、歐陽脩、馮京所著。
陸經靜照堂詩一卷
劉珵宣城集三卷
唐庚三謝集一卷
上官彝麻姑山集三卷
翁公輔下邳小集九卷
彈粹鵝城豐湖亭詩一卷
蔡驛惠泉詩一卷
林虙西漢詔令十二卷
俞向長樂集十四卷
四學士文集五卷黃庭堅、晁補之、張耒、秦觀所著。
內制六卷晏殊以下所撰。

沈晦三沈集六十一卷
輶軒唱和集三卷洪皓、張邵、朱弁所集。
程邁止戈堂詩一卷
樊汝霖唐書文藝補六十三卷
何琥蘇黃遺編一卷
楊上行宋賢良分門論六十二卷
戴覺、李丁單題詩十二卷
廖剛世綵集三卷
送王周歸江陵詩二卷杜衍等所撰。
許端夫齋安集十二卷
黃仁榮永嘉集三卷
李知已永嘉集三卷
晁新詞一卷晁端禮、晁冲之所撰。
陸時雍宏詞總類前後集七十六卷
梅江三孫集三十一卷孫立節及子勴、孫何所著。

鮑喬豫章類集十卷

鄧植小有天後集一卷

蕭一致濂溪大成集七卷

右總集類四百三十五部，一萬六百五十七卷

劉勰文心雕龍十卷

鍾嶸詩評一卷

任昉文章緣起一卷

李允〔二〇〕一作「元」或作「克」翰林論三卷

王昌齡詩格一卷

又詩中密旨一卷

杜嗣先兔園策府三十卷

柳璨史通析微十卷

劉餗史例三卷

劉知幾史通二十卷

館閣詞章一卷

館閣詩八卷

並中興館閣諸臣所撰。

白居易白氏金針詩格三卷

又白氏制朴一卷

僧皎然詩式五卷

又詩評一卷

辛處信注文心雕龍十卷

王瑜卿文旨一卷

王正範文章龜鑑五卷

范攄詞林一卷

孫郃〔二九〕文格二卷

倪宥文章龜鑑一卷

劉蘧應求類二卷

竇苹載籍討源一卷

　舉要二卷

吳武陵十三代史駁議十二卷

林槩史論二十卷

王涑唐史名賢論斷二十卷

程鵬唐史屬辭四卷

王損之絲綸點化二卷

方仲舒究判玄微一卷

樂史登科記解題二十卷

蔣之奇廣州十賢贊一卷

白行簡賦要一卷

范傳正賦訣一卷

浩虛舟賦門一卷

紇于俞賦格一卷

和凝賦格一卷

毛友左傳類對賦六卷

王維詩格一卷

王杞一作「超」詩格一卷

賈島詩格密旨一卷

元兢詩格一卷

　又古今詩人秀句二卷

僧辭遠詩式十卷

許文貴一作「貢」詩鑑一卷

僧元鑒續古今詩人秀句二卷

司馬光續詩話一卷

姚合詩例一卷

鄭谷國風正訣一卷

王叡炙轂子詩格一卷

張仲素賦樞一卷

倪宥詩體一卷
張爲唐詩主客圖二卷
僧齊己玄機分明要覽一卷
又詩格一卷
李洞賈島詩句圖一卷
僧神彧詩格一卷
徐銳詩格一卷
馮鑑修文要訣二卷
林逋句圖三卷〔二〇〕
李淑詩苑類格三卷
僧定雅寡和圖三卷
劉攽詩話一卷
邵必史例總論十卷
司馬光詩話一卷
馬偁賦門魚鑰十五卷

蔡寬夫詩史二卷
吳處厚賦評一卷
蔡希蘧古今名賢警句圖一卷
魏泰隱居詩話〔二一〕一卷
楊九齡正史雜編十卷
郭思瑤谿集十卷
蔡條西清詩話三卷
李頎古今詩話錄七十卷
李錞詩話一卷
僧惠洪天廚禁臠三卷
周紫芝竹坡詩話一卷
強行父唐杜荀鶴警句圖一卷
黃徹碧溪詩話十卷
鄭樵通志敍論二卷
曾發選注摘遺三卷

胡源聲律發微一卷
費袞文章正派十卷
李善五臣同異一卷
嚴有翼藝苑雌黄二十卷
方深道集諸家老杜詩評五卷〔三〕
方綎續老杜詩評五卷
彭郁韓文外抄八卷
趙師懿柳文筆記一卷
葛立方韻語陽秋二十卷
呂祖謙古文關鍵二十卷
新集詩話十五卷集者不知名。
元祐詩話一卷
歷代吟譜二十卷
唐宋名賢詩話二十卷
金馬統例三卷
詩談十五卷
韓文會覽四十卷
並不知作者。

右文史類九十八部，六百卷。

凡集類二千三百六十九部，三萬四千九百六十五卷。

校勘記

〔一〕竇嚴　原作「竇儼」，據新唐書卷六〇藝文志、崇文書目卷五、通志卷七〇藝文略改。

〔二〕朱遵度　原作「宋遵度」，據書目、通志卷六六藝文略，幷參考本書卷二〇四藝文志目錄類改。

〔三〕王逸　原作「王勉」，據隋書卷三五、郡齋志卷一七、玉海卷五四改。

〔四〕王正範　按書錄解題卷一五、通考卷二四八經籍考有洞天集五卷，漢王貞範撰；十國春秋卷一〇三有王貞範傳。此處「正」字蓋宋人諱改。

〔五〕顧陶　原作「顏陶」，據新唐書卷六〇藝文志、崇文書目卷五、書錄解題卷一五改。

〔六〕許恭宗　按新唐書卷六〇藝文志、通志卷七〇藝文略有許敬宗等撰文館詞林一千卷；新唐書卷八二有許敬宗傳。此處「恭」字蓋宋人諱改。

〔七〕呂延祚注文選　「呂延祚」原作「呂廷祚」。按此書卽五臣注文選，郡齋志卷二五、玉海卷五四都說是唐呂延祚集五人的注而成，據改。

〔八〕李林甫至崔湜百餘家詩　「湜」字原脫，據通考卷二四八經籍考「奇章集」條補。

〔九〕李康玉臺後集十卷　「李康」，崇文總目卷五、書錄解題卷一五都作「李康成」，通考卷二四八經籍考幷謂是書乃天寶間李康成所選，疑此處誤。

〔一〇〕竇氏聯珠集　「聯」原作「連」，據新唐書卷六〇藝文志、書目改。

〔一一〕馬總唐名臣奏議二十卷　「馬總」原作「孟總」。按上文已錄馬總奏議集二十卷，玉海卷六一也說馬總集武德至貞元奏議。據改。

〔三〕孟啓本事詩　按是書今存，題「唐孟棨撰」，但新唐書卷六〇藝文志、書錄解題卷一五則作「孟啓」，與此同。

〔三〕盧瓌　「瓌」原作「環」，據新唐書卷六〇藝文志、崇文總目卷五、通志卷七〇藝文略改。

〔四〕韋穀　按崇文總目卷五、書錄解題卷一五都作「韋穀」。

〔五〕王咸典麗賦九十三卷　按書錄解題卷一五「唐仲友編後典麗賦」條說，「先有王戊集典麗賦九十三卷」；通考卷二四九經籍考亦作「王戊」。

〔六〕史正心清暉閣詩　按書錄解題卷一五作「史正志」，通考卷二四九經籍考同。

〔七〕曾肇滁陽慶曆前集　按書錄解題卷一五說：「滁陽慶曆前集，徐徽仲元所集，曾肇子開爲之序。」上文已錄徐徽滁陽慶曆集十卷，此處題作曾肇，誤。

〔八〕李允　按隋書卷三五經籍志、新唐書卷六〇藝文志都作「李充」。

〔九〕孫郃　原作「孫郤」，據新唐書卷六〇藝文志、通志卷七〇藝文略、崇文總目卷五改。

〔一〇〕林逋句圖三卷　按通考卷二四九經籍考有林和靖摘句圖一卷；四庫提要卷二九別集類「林逋詩集」條，說林逋有摘句圖，今不傳。疑此處脫「摘」字。

〔一一〕魏泰隱居詩話　「詩話」二字原倒。按是書今存，題「臨漢隱居詩話」；宋詩紀事卷二八亦載魏泰有隱居詩話。據乙正。

〔三〕方深道集諸家老杜詩評五卷　「方深道」原作「方道醇」。按是書今存，題「方深道撰」；書錄解題卷二二、四庫提要卷一九七、同治重修興化府志卷四一同。據改。

宋史卷二百一十

表第一

宰輔一

宋宰輔年表，前九朝始建隆庚申，終靖康丙午，凡一百六十七年，居相位者七十二人，位執政者二百三十八人。後七朝始建炎丁未，終德祐丙子，凡一百四十九年，居相位者六十一人，位執政者二百四十四人。

敍古曰〔一〕：古之史法主於編年，至司馬遷作史記始易以新意。然國家世祚，人事歲月，散於紀、傳、世家，先後始終，遽難考見，此表之不可無，而編年不容於盡變也。厥後班固漢史乃曰百官公卿表，先敍官名、職秩、印綬等，然後書年以表其姓名。歐陽脩唐史又專以宰相名篇，意必有所在矣。

宋自太祖至欽宗，舊史雖以三朝、兩朝、四朝各自爲編，而年表未有成書。神宗時常命陳繹檢閱二府除罷官職事，因爲拜罷錄。元豐間，司馬光嘗敍宋興以來百官公卿沿革除拜〔二〕，作年表上之史館。自時而後，曾鞏、譚世勣、蔡幼學、李燾諸人皆嘗續爲之。然表文簡嚴，世罕知好，故多淪落無傳。

今纂脩宋史，故□□□□□□□□□□采紀、傳以爲是表〔三〕。其間所書宰輔官、職、勳□□□□□間有不同者〔四〕，官制沿革有時而異也。然中書位次既止於參知政事，而樞府職序自同知、副使而下雖簽書、同簽書亦與焉者，皆執政也，故不得而略焉。

夫大臣之用舍，關於世道之隆汚，千載而下，將使覽者卽表之年觀紀及傳之事，此登載之不容於不謹也。表之所書，雖無褒貶是非於其間，然歲月昭於上，姓名著於下，則不惟其人之賢佞邪正可指而議，而當時任用之專否，政治之得失，皆可得而見矣。後之覽者，其必有所勸也夫，其亦有所戒也夫！

公元960

紀年	宰相進拜加官	罷免	執政進拜加官	罷免
建隆元年 庚申太祖	二月乙亥，周宰相范質自守司徒兼門下侍郎、同中	二月乙亥，范質、王溥並罷參知樞密院事。	二月己亥，吳廷祚自樞密使加同中書門下平章	

正月甲辰
即位

書門下平章事、昭文館大
學士、參知樞密院事依前
守司徒，加兼侍中。
王溥自尚書右僕射兼門
下侍郎、同中書門下平章
事、監修國史參知樞密院
事加守司空兼門下侍郎、
同平章事。
魏仁浦自樞密使、行中書
侍郎、同中書門下平章事、
集賢殿大學士加尚書右
僕射兼中書侍郎、同平章
事。
范質
王溥

事〔五〕。
五月己未，親征李筠，吳廷
祚東京留守。
八月戊子，趙普自右諫議
大夫、樞密直學士、兵部侍
郎加樞密副使。
十一月丁亥，親征李重進，
吳廷祚東京留守。

	魏仁浦			
961 二年辛酉	范質 王溥 魏仁浦			
962 三年壬戌	范質 王溥 魏仁浦		十月辛丑，趙普自樞密副使加檢校太保兼御史大夫、樞密使。 李處耘自宣徽北院使加宣徽南院使、檢校少保、樞密副使。	六月癸巳，吳廷祚自樞密使出爲雄武軍節度使，依前同中書門下平章事。
963 乾德元年癸亥	范質 王溥 魏仁浦			九月丁卯，李處耘自樞密副使責授淄州刺史。

964 二年甲子	正月庚寅，趙普自樞密使加門下侍郎、同平章事、集賢殿大學士。壬寅，加監修國史。 范質 王溥 魏仁浦 趙普	正月戊子，司徒范質以太子太傅，司空王溥以太子太保，尚書右僕射魏仁浦依前守本官，並免。	正月庚寅，李崇矩自宣徽北院使判三司，加檢校太保、樞密使。己亥，王仁贍自內客省使、樞密承旨加樞密副使。四月乙丑，薛居正、呂餘慶自樞密直學士、兵部侍郎並參知政事。	
965 三年乙丑	趙普			二月乙卯，呂餘慶自參知政事權知成都府。
966 四年丙寅	趙普			
967 五年丁卯	二月丙午，趙普自門下侍郎加尚書右僕射兼門下		二月乙丑，沈義倫自西川轉運使加戶部侍郎，遷樞	正月甲寅，王仁贍自樞密副使責授右衛

		侍郎昭文館大學士。十二月，趙普丁母憂，丙子起復。趙普		密副使。	大將軍，罷歸本班。
968	開寶元年戊辰	趙普		正月庚寅，呂餘慶召還。	
969	二年己巳	趙普		六月癸巳，樞密副使沈義倫丁憂起復。	
970	三年庚午	三月戊辰，右僕射趙普落起復，加特進。趙普			
971	四年辛未	趙普			
972	五年壬申	趙普		二月庚寅，劉熙古自端明	九月癸酉，李崇矩以

			殿學士、兵部侍郎除參知政事。十一月庚辰，薛居正以參知政事兼提點三司淮南、荊湖〔六〕、嶺南諸州水陸轉運使事。呂餘慶兼提點三司荊南、劍南諸州水陸轉運使事。	樞密使出爲鎮國軍節度使。
六年癸酉	九月己巳，薛居正自吏部侍郎、參知政事加門下侍郎、同平章事，仍兼都提點湖南等路轉運事、監修國史。沈義倫自戶部侍郎、樞密副使加中書侍郎、同平章	八月甲辰，趙普自右僕射以檢校太尉、河陽三城節度使同中書門下平章事。	四月戊申，薛居正自參知政事加監修五代史。九月己巳，盧多遜自翰林學士、兵部員外郎遷中書舍人、參知政事。楚昭輔自左驍衛大將軍判三司遷樞密副使。	五月庚申，參知政事劉熙古足疾，以戶部尚書致仕。九月丁卯，參知政事呂餘慶以疾遷尚書左丞免。

		事、集賢殿大學士，仍兼提點劍南等路轉運事。 趙普 薛居正 沈義倫		十一月丙午，參知政事盧多遜丁父憂起復。	
974	七年甲戌	薛居正 沈義倫			
975	八年乙亥	薛居正 沈義倫			
976	九年丙子 太宗十月癸丑卽位。十二月，改太平興國	十月庚申，薛居正自門下侍郎、同平章事加尚書左僕射兼門下侍郎、昭文館大學士。 沈義倫自中書侍郎、同平		二月庚戌，曹彬自宣徽南院使〔七〕、義成軍節度使遷樞密使，加檢校太尉，領忠武軍節度使。 戊午，參知政事盧多遜遷	

元年。	章事加尚書右僕射兼門下侍郎、監修國史。盧多遜自吏部侍郎、參知政事遷中書侍郎、同中書門下平章事、集賢殿大學士。 薛居正 沈義倫 盧多遜		秩，落起復。 八月壬子，楚昭輔以樞密副使領宣徽院事。十月庚申，由樞密副使進樞密使。	
977 二年丁丑	薛居正 沈義倫 盧多遜			
978 三年戊寅	薛居正 沈義倫 盧多遜			

979 四年己卯	十月乙亥，薛居正自尙書左僕射加司空。 薛居正 沈義倫 盧多遜		正月癸巳，石熙載自樞密直學士遷簽署樞密院事。 四月庚申，進樞密副使。 十月乙亥，曹彬自樞密使加侍中。	
980 五年庚辰	薛居正 沈義倫 盧多遜			
981 六年辛巳	九月辛亥，趙普自太子太保加守司徒兼侍中、昭文館大學士。 薛居正 沈義倫 盧多遜 趙普	六月甲戌，尙書左僕射薛居正薨。	九月辛亥，石熙載自刑部侍郎、樞密副使遷戶部尙書、樞密使。	十一月己未，樞密使楚昭輔以左驍衞上將軍免。

982	七年壬午	沈義倫 盧多遜 趙普	四月戊辰，盧多遜自中書侍郎、同中書門下平章事責授兵部尚書免。庚辰，沈義倫自尚書右僕射責授工部尚書免〔八〕。	四月甲子，竇偁自右正諫大夫、樞密直學士，郭贄自中書舍人，並守本官，參知政事。柴禹錫自如京使遷宣徽北院使兼樞密副使。	十月己卯，參知政事竇偁卒。
983	八年癸未	趙普 宋琪 李昉	十一月壬子，宋琪自刑部尚書、參知政事，李昉自工部尚書、參知政事，並守本官，加同中書門下平章事。	十月己酉，趙普自司徒兼侍中以檢校太尉兼侍中、武勝軍節度使出鎮鄧州。	正月己卯，王顯自東上閤門使遷宣徽南院使，弭德超自酒坊使遷宣徽北院使，並兼樞密副使。三月癸亥，宋琪自右諫議大夫、同判三司遷左諫議大夫、參知政事。	正月戊寅，樞密使曹彬以天平軍節度使免。四月壬子，樞密副使弭德超坐詬同列，語涉怨望，削官幷親屬配瓊州。

六月己亥，王顯自樞密副使加檢校太保，進樞密使。

七月庚辰，李昉自文明殿學士、工部尚書守本官，參知政事。

十一月壬申，李穆自翰林學士、知開封府，呂蒙正自翰林學士、都官員外郎，李至自翰林學士、都官郎中、知制誥，並參知政事。

張齊賢、王沔自樞密直學士並遷右諫議大夫、同簽書樞密院事。

十二月，李穆丁母憂起復。

七月辛未，參知政事郭贄坐被酒奏事，責授秘書少監。

八月庚戌，樞密使石熙載有疾，以尚書右僕射免。

984	985	986
雍熙元年甲申	二年乙酉	三年丙戌
十二月庚辰，宋琪自同中書門下平章事加昭文館大學士。李昉加監修國史。 宋琪 李昉	宋琪 李昉	李昉
	十二月丙辰，宋琪自同中書門下平章事以本官免。	
		六月甲辰，辛仲甫自御史中丞遷給事中、參知政事。八月丁酉朔，王沔自左諫議大夫、簽書樞密院事，張宏自樞密直學士遷右諫
正月癸酉，參知政事李穆卒。	十二月丙辰，柴禹錫自樞密副使以左驍衛大將軍免。	正月戊戌，李至自參知政事以禮部侍郎免。七月戊子，張齊賢自簽書樞密院事遷秩

			議大夫，並樞密副使。	知代州。
987 四年丁亥	李昉		四月己亥，趙昌言自御史中丞遷樞密副使。	四月己亥，張宏自樞密副使以御史中丞免。
988 端拱元年戊子	二月庚子，趙普自檢校太師兼侍中、山南東道節度使加太保兼侍中、昭文館大學士，呂蒙正自給事中、參知政事加中書侍郎兼戶部尚書、監修國史，並同中書門下平章事。 趙普	二月庚子，李昉自同中書門下平章事以尚書右僕射免。	二月庚子，王沔自樞密副使加戶部侍郎、參知政事。張宏自御史中丞加工部侍郎、樞密副使。乙巳，楊守一自內客省使遷宣徽北院使、簽書樞密院事。	三月甲戌，趙昌言自工部侍郎、樞密副使責授崇信軍節度使行軍司馬。九月乙酉朔，楊守一卒。
989 二年己丑	趙普 呂蒙正		七月甲申，張齊賢自左諫議大夫、簽書樞密院事遷	

年份	宰相進拜加官	宰相罷免	執政進拜加官	執政罷免
			刑部侍郎、樞密副使〔九〕。張遜自鹽鐵使遷宣徽北院使、簽書樞密院事。	
990 淳化元年庚寅	趙普 呂蒙正	正月戊子，趙普自太保、同中書門下平章事守太保兼中書令、西京留守、河南尹。		
991 二年辛卯	九月己亥，李昉自守尚書右僕射兼中書侍郎、同平章事、監修國史。 張齊賢自刑部侍郎、參知政事加吏部侍郎、同平章事。 呂蒙正	九月己亥，呂蒙正自同中書門下平章事以吏部尚書免。	四月辛巳，張齊賢自刑部侍郎、樞密副使，陳恕自鹽鐵使、給事中，並參知政事。 張遜自宣徽北院使、簽書樞密院事遷樞密副使。 溫仲舒、寇準自樞密直學士並左諫議大夫，遷樞密	三月乙丑，辛仲甫自給事中、參知政事以工部尚書知陳州。 四月辛巳，張宏自樞密副使以吏部侍郎免。 九月丁酉，王沔自參

	李昉 張齊賢		副使。 九月己亥，賈黃中、李沆自翰林學士並給事中、參知政事。 甲辰，張遜自樞密副使遷知樞密院事。 溫仲舒、寇準進同知樞密院事，仍並兼副使。	知政事、守戶部侍郎，陳恕守給事中，並免。 癸卯，王顯自檢校太傅、樞密使責授隨州刺史、崇信軍節度觀察處置等使。
992 三年壬辰	李昉 張齊賢	三月乙未，趙普守太師，給宰相俸，西京養疾。		
993 四年癸巳	十月辛未，呂蒙正自守吏部尚書加同中書門下平章事。	六月丙寅，張齊賢自吏部侍郎、同平章事以尚書左丞免。	六月壬申，柴禹錫自涪州觀察使遷宣徽北院使、知樞密院事。	六月壬申，張遜自樞密副使、同知院事〔一〇〕責授右領軍

	994 五年甲午
李昉 張齊賢 呂蒙正	呂蒙正
十月辛未，李昉自中書侍郎、同平章事以本官免。	
劉昌言自樞密直學士加右諫議大夫遷同知樞密院事。 呂端自右諫議大夫、樞密直學士守本官，參知政事。 十月辛未，趙鎔自樞密都承旨遷宣徽北院使，向敏中自樞密直學士遷右諫議大夫，並同知樞密院事。 蘇易簡自翰林學士遷給事中、參知政事。 丁丑，趙昌言自知大名府加給事中、參知政事。	八月癸卯，趙昌言自參知政事出為川峽都部
衛將軍。 寇準自右諫議大夫、樞密副使、同知院事罷守本官。 十月辛未，賈黃中、李沆自給事中、參知政事，溫仲舒自右諫議大夫、同知樞密院事，並罷守本官。	

	至道元年 乙未
	四月癸未，呂端自左諫議大夫、參知政事加戶部侍郎、同平章事。 呂蒙正 呂端
	四月癸未，呂蒙正自同中書門下平章事以尚書右僕射〔二〕出判河南府。
署。 九月乙亥，寇準自守同知樞密院事除參知政事。	正月戊辰，錢若水自翰林學士遷同知樞密院事。 四月癸未，張洎自翰林學士除參知政事。 甲申，趙鎔自同知樞密院事進知樞密院事。
	正月癸亥，趙昌言自參知政事以戶部侍郎知鳳翔府。 戊辰，劉昌言自同知樞密院事以給事中免。 四月癸未，柴禹錫自知樞密院事以鎮寧軍節度使知涇州。 蘇易簡自給事中、參知政事以禮部侍郎出知鄧州。

996 二年丙申	呂端		二月庚辰，李昌齡自御史中丞除參知政事。	七月丙寅，寇準自參知政事以給事中守本官免。
997 三年丁酉 眞宗三月癸巳卽位	四月癸卯，呂端自戶部侍郎、同平章事加監修國史。 呂端		正月丙子，溫仲舒自戶部侍郎，王化基自禮部侍郎，並參知政事。 李惟淸自給事中遷同知樞密院事。 四月甲辰，李至自尚書左丞兼太子賓客，李沆自禮部侍郎兼太子賓客，並參知政事。 八月己亥，曹彬自鎭海軍節度使加檢校太師、兼侍中、樞密使。	正月丙子，張洎自參知政事以刑部侍郎免。 五月甲戌，李昌齡自參知政事責授忠武軍節度行軍司馬。 六月乙巳，錢若水自同知樞密院事以集賢院學士免。 八月己亥，趙鎔自知樞密院事以壽州觀察使免。

			向敏中自同知樞密院事進樞密副使。 夏侯嶠自給事中遷樞密副使。	李惟清自同知樞密院事以御史中丞免、
咸平元年 戊戌	十月戊子，張齊賢自守戶部尚書、知安州加兵部尚書、同中書門下平章事。 李沆自戶部尚書〔二〕、參知政事仍本官加同中書門下平章事、監修國史。 呂端 張齊賢 李沆	十月戊子，同中書門下平章事呂端有疾，以太子太保免。	十月己丑，向敏中自樞密副使加兵部侍郎，除參知政事。 楊礪自翰林學士、給事中、知制誥加工部侍郎，宋湜自翰林學士、中書舍人加給事中，並遷樞密副使。	十月戊子，李至自工部尚書、參知政事以檢校太傅、武勝軍節度使免。 己丑，溫仲舒自吏部侍郎、參知政事以禮部尚書免。 夏侯嶠自樞密副使以戶部侍郎、翰林侍讀學士兼秘書監、翰林學士免〔三〕。

999 二年己亥	十一月，南郊禮成，張齊賢加門下侍郎、兼兵部尚書，李沆加中書侍郎。 張齊賢 李沆		七月己丑，王顯自橫海軍節度使、兼御史大夫、依前檢校太傅，除樞密使。	六月戊午，樞密使曹彬卒。 八月癸酉，樞密副使楊礪卒。
1000 三年庚子	張齊賢 李沆	十一月丙申，門下侍郎張齊賢以朝會失儀，守本官免。	二月癸亥，周瑩自宣徽北院使遷宣徽南院使，王繼英自樞密都承旨、客省使遷宣徽北院使，並知樞密院事。 王旦自中書舍人、翰林學士遷同知樞密院事。	正月壬辰，樞密副使宋湜卒于澶州。 二月癸亥，王顯自樞密使以山南東道節度使、同中書門下平章事免。
1001 四年辛丑	三月庚寅，呂蒙正自行尚書左僕射加同中書門下		三月辛卯，王旦自給事中、同知樞密院事除參知政事	三月辛卯，王化基自參知政事以工部尚

	平章事、昭文館大學士。向敏中自行兵部侍郎、參知政事加同中書門下平章事、集賢殿大學士。 李沆 呂蒙正 向敏中		事。馮拯自樞密直學士、祠部員外郎加右諫議大夫，陳堯叟自主客郎中加右諫議大夫，並同知樞密院事。四月乙未，王欽若自知制誥、翰林學士、左諫議大夫除參知政事。	書知揚州。
五年壬寅	十月庚申，呂蒙正自行尚書左僕射加守司空兼門下侍郎。 李沆 呂蒙正 向敏中	十月丁亥，同中書門下平章事向敏中坐違詔質薛安上第，奏對不實，以戶部侍郎免。		六月己卯，周瑩自知樞密院事以永清軍節度使免。

年			
1003 六年癸卯	李沆 呂蒙正	九月甲申，守司空兼門下侍郎呂蒙正有疾，以太子太師、萊國公免。	
1004 景德元年甲辰	八月己未，畢士安自行尚書吏部侍郎、參知政事加同中書門下平章事、監修國史。 寇準自三司使、行尚書兵部侍郎加同中書門下平章事、集賢殿大學士。 李沆 畢士安 寇準	七月丙戌，右僕射、平章事李沆薨。	七月庚寅，畢士安自翰林侍讀學士、兵部侍郎遷吏部侍郎，除參知政事。 八月己未，王繼英自宣徽南院使、檢校太保、知樞密院事進樞密使。 馮拯、陳堯叟自同知樞密院事並遷工部侍郎、簽書樞密院事。 閏九月乙亥王欽若自參

			知政事守本官出判天雄軍兼都部署。	
1005 二年乙巳	畢士安 寇準	十月乙酉，吏部侍郎、平章事畢士安薨。	四月癸卯，馮拯自工部侍郎、簽書樞密院事除參知政事。	正月甲寅，王欽若自判天雄軍兼都部署還朝。四月癸卯，欽若遷秩，以資政殿學士免。
1006 三年丙午	二月戊戌，王旦自尚書左丞、參知政事加工部尚書、同中書門下平章事。 寇準 王旦	二月戊戌，寇準自兵部侍郎、同平章事以刑部尚書免。	二月己亥，王欽若自資政殿大學士、兵部侍郎遷尚書左丞，陳堯叟自刑部侍郎、簽書樞密院事遷兵部侍郎，並知樞密院事，仍兼羣牧制置使。 趙安仁自知制誥、翰林學	二月丁亥，樞密使王繼英卒。

	1007	1008
	四年丁未	大中祥符元年戊申
	八月丁巳，王旦自工部尚書、平章事加監修國史。 王旦	王旦
士遷右諫議大夫、參知政事。 韓崇訓自樞密都承旨、四方館使加檢校太傅，馬知節自樞密都承旨、東上閤門使加檢校太保，並簽書樞密院事。 五月丁未，知樞密院事陳堯叟丁父憂，戊午起復。		八月甲午，知樞密院事陳堯叟落起復。
	八月庚子，簽書樞密院事韓崇訓有疾，以齊州防禦使免。	

1009 二年己酉	王旦			
1010 三年庚戌	王旦			
1011 四年辛亥	王旦		七月甲午，馮拯自參知政事以刑部尚書知河南府兼西京留守。	
1012 五年壬子	二月庚戌，王旦自工部尚書、平章事加昭文館大學士。 四月戊申，向敏中自資政殿大學士、行刑部尚書兼秘書監加同平章事、集賢殿大學士。 王旦 向敏中		九月戊子，王欽若自行吏部尚書、知樞密院事、監修國史，陳堯叟自行戶部尚書、知樞密院事、監修國史，並加檢校太傅、同平章事、樞密使。 馬知節自檢校太傅、宣徽北院使、簽書樞密院事進樞密副使。	九月戊子，刑部侍郎、參知政事趙安仁以兵部侍郎仍領玉清昭應宮使免，依前監修國史。

	1013	1014
	六年癸丑	七年甲寅
	王旦 向敏中	十一月己丑，王旦自工部尚書、平章事加司空。 王旦 向敏中
丁謂自鹽鐵使、右諫議大夫、權三司使加戶部侍郎，除參知政事。		六月乙亥，寇準自行兵部尚書加檢校太尉兼同平章事、樞密使。 七月甲辰，王嗣宗自同州觀察使，曹利用自嘉州防禦使，並加檢校太保、樞密副使。
		六月乙亥，王欽若自行吏部尚書、檢校太尉、同平章事、樞密使以吏部尚書免。 陳堯叟自行戶部尚書、檢校太尉、同平章事、樞密使以戶部尚書免。 馬知節自檢校太傅、

				宣徽北院使、樞密副使以潁州防禦使免。
1015 八年乙卯	王旦 向敏中		四月壬戌，王欽若自判尙書都省、知通進、銀臺司兼門下封駁事，依前吏部尙書、同平章事，陳堯叟自依前戶部尙書、檢校太尉、同平章事，並遷樞密使。堯叟兼羣牧制置使。	四月壬戌，行兵部尙書、檢校太尉、同平章事、樞密使寇準數與林特忿爭〔四〕，以武勝軍節度等使免。七月戊午，王嗣宗自樞密副使以天平軍節度使、檢校太保免
1016 九年丙辰	二月戊子，工部侍郎、平章事王旦以兩朝國史成，加司徒。王旦		正月丙辰，張旻自侍衞馬軍副都指揮使、威塞軍節度使、檢校太保加宣徽南院使兼樞密副使。	八月丙戌，樞密使陳堯叟辭疾，以尙書右僕射免。九月甲辰，丁謂自參

年	宰相進拜加官	宰相罷免	執政進拜加官	執政罷免
	向敏中		王曾自翰林學士、兵部侍郎、知制誥加左諫議大夫，張知白自諫議大夫、權御史中丞加給事中，並除參知政事〔一五〕。任中正自樞密直學士、給事中、權知開封府加工部侍郎，遷樞密副使。	知政事以平江軍節度使免。
天禧元年丁巳	二月戊寅，王旦自工部侍郎、平章事加太保。五月戊申，加太尉、兼侍中。八月庚午，王欽若自樞密使、同平章事加尚書左僕射兼中書侍郎、同平章事，依前會靈觀使〔一六〕。	七月丁巳，王旦自太尉兼侍中、同中書門下平章事以玉清昭應宮使免。九月癸卯薨。	九月癸卯，李迪自翰林學士、右諫議大夫、知制誥加給事中，除參知政事，依前會靈觀使。馬知節自潁州防禦使、知天雄軍加檢校太尉、宣徽南院使、知樞密院事。	二月己亥，參知政事陳彭年卒。八月庚午，張旻自樞密副使以河陽三城節度使免。九月癸卯，王曾自參知政事以禮部侍郎

年		二年戊午
宰相進拜加官	壬申，向敏中自刑部尚書、同平章事加監修國史。 王旦 向敏中 王欽若	向敏中 王欽若
宰相罷免		
執政進拜加官	曹利用自檢校太傅、樞密副使加檢校太尉、宣徽北院使兼羣牧制置使，任中正自樞密副使兼刑部侍郎，周起自樞密直學士、右諫議大夫加給事中，並遷同知樞密院事。	六月乙未，曹利用自檢校太尉、宣徽北院使、同知樞密院事進知樞密院事，仍兼羣牧制置使。
執政罷免	兗。	閏四月癸卯，馬知節自檢校太尉、宣徽南院使、知樞密院事以彰德軍節度觀察留後免。 十二月丙午，張知白自參知政事以刑部

侍郎、翰林侍讀學士、知天雄軍。

三年己未

六月戊戌，寇準自山南東道節度使、檢校太尉、同平章事加中書侍郎兼吏部尚書、同平章事，仍充景靈宮使。十二月辛丑，向敏中加昭文館大學士，寇準加集賢殿大學士。

向敏中

王欽若

寇準

六月甲午，王欽若自中書侍郎、同平章事以太子太保免。

六月戊戌，丁謂自保信軍節度使、檢校太尉遷吏部尚書、參知政事。

十二月辛卯，曹利用自檢校太尉、宣徽北院使、知樞密院事兼羣牧制置使，丁謂自吏部尚書、參知政事加檢校太尉，並遷樞密使。任中正自刑部侍郎、同知樞密院事，周起自兵部侍郎、給事中、同知樞密院事加禮部侍郎，並遷樞密副使。

四年庚申	七月丙寅，李迪自參知政事兼太子賓客加吏部侍郎兼太子少傅、同平章事、景靈宮使、集賢殿大學士。 七月庚午，丁謂自樞密使、吏部尚書、檢校太尉加同平章事，充玉清昭應宮使、昭文館大學士、監修國史。 十一月丙寅，加門下侍郎兼太子太傅。 庚午，馮拯自行吏部尚書、檢校太傅、同平章事、樞密使加右僕射兼中書侍郎、太子少傅、同平章事、景靈宮使、集賢殿大學士。	三月己卯，左僕射兼中書侍郎、同平章事向敏中薨。 六月丙申，寇準自中書侍郎兼吏部尚書、同平章事以太子太傅封萊國公免。 十一月戊辰，檢校太尉、同平章事丁謂，太子少傅、同平章事李迪，忿爭於上前，謂以戶部尚書知河南府，迪以戶部侍郎知鄆州。	正月乙丑，曹瑋自華州觀察使、鄜延路副都總管、環慶秦鳳等州沿邊巡檢安撫使、宣徽北院使、鎮國節度觀察留後除簽書樞密院事。 七月丙寅，馮拯自判尚書都省加吏部尚書、檢校太傅、同平章事兼樞密使。 七月庚午，曹利用自樞密使依前檢校太尉加同平章事。 八月乙酉，任中正自兵部侍郎、樞密副使，王曾自吏部侍郎，並除參知政事。	九月乙未，周起自禮部侍郎、樞密副使以戶部侍郎知青州，曹瑋自簽書樞密院事以宣徽南院使出爲環慶路馬步軍都部署。

	寇準 丁謂 李迪 馮拯		錢惟演自翰林學士、刑部侍郎、知制誥遷樞密副使。	
1021 五年辛酉	三月壬寅，丁謂自左僕射、太子少師、同平章事加司空。 丁謂 馮拯		正月丁酉，張士遜自樞密直學士遷樞密副使。	
1022 乾興元年壬戌仁宗二月戊午卽位	二月丙寅，丁謂自左僕射、太子少師、同平章事加司徒，馮拯自右僕射兼中書侍郎、太子少傅、同平章事加司空，並兼侍中。七月辛	六月癸亥，丁謂自左僕射、太子少師、同平章事以太子少保分司西京。七月辛卯，貶崖州司戶。	二月丙寅，曹利用自樞密使加兼侍中，七月辛未，加節度使。呂夷簡自龍圖閣直學士、知開封府，魯宗道自龍圖閣直學士兼侍講，	六月丙寅，參知政事任中正坐救丁謂，以太子賓客知鄆州。十一月丁卯朔，錢惟演自樞密使以保大

	天聖元年 癸亥
未，拯加司徒、昭文館大學士〔一七〕。 王曾自參知政事加中書侍郎兼禮部尙書、同中書門下平章事、集賢殿大學士。 丁謂 馮拯 王曾	九月丙寅，王欽若自太子太保加司空、同中書門下平章事〔一九〕、昭文館大學士、監修國史。 馮拯 王曾
	九月丙寅，右僕射馮拯有疾，以武勝軍節度兼侍中判河南府。
並除參知政事。 錢惟演自樞密副使進樞密使。 十一月壬午，張知白自參知政事遷樞密副使〔一八〕。	
軍節度使知河陽。	

1024 二年甲子	王欽若 三月甲辰，司空、同中書門下平章事王欽若以實錄成，加司徒。 王曾 王欽若			
1025 三年乙丑	十二月癸丑，王曾自中書侍郎兼禮部尚書、同中書門下平章事加昭文館大學士、監修國史。張知白自樞密副使加同中書門下平章事、集賢殿大學士。 王曾 張知白	十一月戊申，司空〔一〇〕、同中書門下平章事王欽若薨。	十月辛酉，晏殊自翰林學士、禮部侍郎遷樞密副使。十二月癸丑，曹利用自樞密使加司空。乙丑，張旻自淮南節度使、檢校太師、同平章事、依前官遷樞密使。旻改名耆。	

年	宰相進拜加官	罷免	執政進拜加官	罷免
1026 四年丙寅	王曾 張知白			
1027 五年丁卯	王曾 張知白		正月戊辰，夏竦自翰林學士、龍圖閣直學士除右諫議大夫、樞密副使。	正月庚申，樞密副使晏殊以刑部侍郎免。
1028 六年戊辰	三月辛亥，王曾自中書門下平章事加兼吏部尚書。壬子，張士遜自樞密副使、尚書左丞、祥源觀使加禮部尚書、同平章事、集賢殿大學士。 王曾 張知白 張士遜	二月壬子，同中書門下平章事張知白薨。	三月癸丑，姜遵自右諫議大夫知永興軍，遷樞密副使。己未，范雍自龍圖閣直學士、右諫議大夫、權三司使公事遷樞密副使。	

七年己巳	二月丙寅，呂夷簡自龍圖閣直學士兼侍讀、知開封府〔二〕守本官加同平章事、集賢殿大學士。八月己丑，加昭文館大學士、監修國史。 王曾 張士遜 呂夷簡	二月丙寅，禮部尙書、同平章事張士遜坐救曹利用，出知江寧府。 六月甲寅，王曾自中書門下平章事以吏部尙書出知兗州，以昭應宮災故。	二月丁卯，夏竦自右諫議大夫、樞密副使，薛奎自右諫議大夫、權三司使事，並除參知政事。 陳堯佐自翰林學士兼龍圖閣直學士、右諫議大夫、權知開封府遷樞密副使。 八月庚寅，夏竦自參知政事加刑部侍郎、樞密副使〔三〕。 陳堯佐自樞密副使加給事中，王曙自御史中丞加工部侍郎，並除參知政事。	正月癸卯，樞密使曹利用罷。 二月庚申朔，參知政事魯宗道卒。 癸酉，曹利用以崇信軍節度副使安置房州。
八年庚午	呂夷簡		九月己巳，趙稹自樞密直	九月乙丑，樞密副使

			學士、刑部侍郎遷樞密副使。	姜遵卒。
九年辛未	呂夷簡			
明道元年壬申	二月庚戌，張士遜自知許州、定國軍節度使加刑部尚書、平章事、集賢殿大學士。 呂夷簡加右僕射、中書侍郎。 十一月癸未，夷簡加門下侍郎兼吏部尚書，士遜加中書侍郎、兵部尚書。 呂夷簡 張士遜		八月辛丑，晏殊自守刑部侍郎遷樞密副使，丙午，除參知政事。 甲寅，楊崇勳自殿前副都指揮使、鎮南節度使遷樞密副使。 十一月癸未，張耆自樞密使加兼侍中。 十二月壬寅，楊崇勳自樞密副使進樞密使。	七月乙酉，參知政事王曙辭疾，以資政殿學士出知陝州。

校勘記

〔一〕敍古曰　「古」字疑衍。

〔二〕司馬光嘗敍宋興以來百官公卿沿革除拜　「宋」字原脫。按司馬光溫國文正司馬公集卷五一乞令校定資治通鑑所寫稽古錄箚子說：他在神宗時受詔修國朝百官公卿表，因依司馬遷法撰述，自建隆元年起，至治平四年止。建隆是宋代第一個年號，所以通考卷二〇二經籍考說該表的內容是「敍宋興以來百官除拜」，本表「興」上當脫「宋」字。據補。

〔三〕故□□□□□□□□□采紀傳以爲是表　按「故」字以下、「采」字以上原爲墨丁，殿、局本補「一以實錄爲據旁搜博」九字。

〔四〕其間所書宰輔官職勳□□□□間有不同者　按「勳」字以下、「間」字以上原爲墨丁，殿、局本補「爵館殿職名」五字。

〔五〕同中書門下平章事　按本書卷一太祖紀、長編卷一都作「同中書門下二品」。宋敏求春明退朝錄卷上：「晉天福五年，升中書門下平章事爲正二品。國初，吳延〔廷〕祚以父諱『璋』，加同中書門下二品，用升品也。」此處誤。

〔六〕荆湖　按本書卷二六四本傳、長編卷一三都作「湖南」，此處誤。

〔七〕宣徽南院使　「使」原作「事」，據長編卷一七、徐自明宋宰輔編年錄卷一改。

〔八〕沈義倫自尙書右僕射責授工部尙書免　按本書卷二六四本傳、長編卷二〇，沈義倫於太平興國四年已遷左僕射；又本書卷四太宗紀、宋大詔令集卷六五沈倫罷相責授工部尙書制，都說太平興國七年四月庚辰，左僕射沈倫（卽沈義倫）罷爲工部尙書，此處「右」字乃「左」字之誤。

〔九〕張齊賢自左諫議大夫簽書樞密院事遷刑部侍郎樞密副使　據本書卷二六五本傳，張在雍熙三年自簽書樞密院事授給事中知代州，端拱元年爲工部侍郎；二年，入爲刑部侍郎、樞密副使，和長編卷二七、卷三〇所載吻合。當以本書卷五太宗紀端拱二年所載「以知代州張齊賢爲刑部侍郎、樞密副使」爲是。

〔一〇〕同知院事　按上文淳化二年九月甲辰條，張遜已遷知樞密院事；本書卷五太宗紀、長編卷三四都說知樞密院事張遜責授右領軍衞將軍，此處「同」字當是衍文。

〔一一〕尙書右僕射　「尙」原作「同」，據宋大詔令集卷六五呂蒙正罷相制、宋宰輔編年錄卷二改。

〔一二〕戶部尙書　按本書卷二八二本傳、宋宰輔編年錄卷三都作「戶部侍郎」，「尙書」當是「侍郎」之誤。

〔一三〕夏侯嶠自樞密副使以戶部侍郎翰林侍讀學士兼祕書監翰林學士免　按此事，本書卷六眞宗紀未載兼秘書監以下各職；長編卷四三未載翰林侍讀以下各職。而翰林侍讀學士一官，則在咸平二年始置，並以楊徽之、夏侯嶠充任；至於嶠兼祕書監，更在咸平三年楊徽之死後，見本書卷二九二本傳；又按本書及東都事略卷三七本傳，未載嶠做過翰林學士，「翰林侍讀」至「翰林學士」十四字當係衍文。參考本書卷六校勘記〔一〕。

〔四〕數與林特忿爭　「數」原作「殿」，據本書卷二八三林特傳、長編卷八四改。

〔五〕王曾自翰林學士兵部侍郎知制誥加左諫議大夫張知白自諫議大夫權御史中丞加給事中並除參知政事　據本書卷八眞宗紀、長編卷八八說，王曾、張知白並參知政事是在九月丙午，此處「王曾」上脫「九月丙午」四字。

〔六〕會靈觀使　「觀」原作「宮」，據本書卷二八三本傳、宋大詔令集卷五二王欽若拜相制改。第三欄同年九月癸卯條，「觀」也誤作「宮」，據宋大詔令集卷五二李迪拜集賢相制改。

〔七〕昭文館大學士　「館」原作「殿」，據本書卷二八五本傳、宋大詔令集卷五二馮拯守司徒拜相制改。

〔八〕張知白自參知政事遷樞密副使　按長編卷九九，張的樞密副使是從翰林侍讀學士、尚書右丞召除，宋宰輔編年錄卷四同，此處誤。

〔九〕王欽若自太子太保加司空同中書門下平章事　按宋大詔令集卷五二王欽若拜相制、宋宰輔編年錄卷四，王係自刑部尚書入相，此處誤。

〔一〇〕司空　按上文天聖二年三月甲辰條，王欽若已「加司徒」，本書卷二八三本傳、長編卷一〇三、宋宰輔編年錄卷四都作「司徒」，此處誤。

〔一一〕龍圖閣直學士兼侍讀知開封府　按上文，呂夷簡已於乾興元年由知開封府除參知政事，此處不應又以知開封府入相。據宋大詔令集卷五二呂夷簡拜集賢相制、長編卷一〇七，此處應作「戶部侍郎參知政事」。

〔一二〕樞密副使　「副」原作「院」，據長編卷一〇八、宋宰輔編年錄卷四改。

宋史卷二百一十一

表第二

宰輔二

公元1033

紀年	宰相進拜加官	罷免	執政進拜加官	罷免
二年癸酉	四月己未，張士遜自刑部尚書〔一〕、平章事加門下侍郎、昭文館大學士、監修國史。 李迪自資政殿大學士、工部尚書、判都省以本官平	四月己未，呂夷簡自門下侍郎、同平章事以使相判澶州〔二〕。 十月戊午，中書侍郎〔三〕、平章事張士遜以過煬崇勳飲，稽	四月己未，王隨自翰林侍讀學士、戶部侍郎除參知政事。 李諮自樞密直學士、禮部侍郎、權三司使遷樞密副使。	四月己未，張耆自樞密使以左僕射、檢校太師兼侍中、護國軍節度使判許州。 夏竦自樞密副使以禮部尚書知襄州。

章事加集賢殿大學士。 十月戊午，呂夷簡自武勝軍節度使、同平章事、判陳州〔四〕加兼吏部尙書、同平章事、昭文館大學士、監修國史。 張士遜 呂夷簡 李迪	留慰班，爲中丞范諷所劾，以左僕射判河南府；己未，改授使相。	王德用自步軍副都指揮使、福州觀察使加檢校太保、簽書樞密院事。 五月乙亥，李諮丁父憂起復。 十月戊午，王曙自資政殿學士、吏部侍郎、知河南府加檢校太傅，遷樞密使。 宋綬自端明殿學士兼翰林侍讀學士、刑部侍郎除參知政事。 王德用自檢校太保、簽書樞密院事，蔡齊自龍圖閣學士、權三司使事，並遷樞密副使。	陳堯佐自參知政事以戶部尙書〔五〕知永興軍。 范雍自樞密副使以戶部侍郎知荊南府。 趙稹自樞密副使以尙書左丞知河中府。 晏殊自參知政事以禮部尙書知江寧府。 十月戊午，楊崇勳自樞密使以河陽三城節度使〔六〕、同平章事判許州。 十一月癸亥朔，參知政事薛奎辭疾，以資

				政殿學士判都省免。
景祐元年甲戌	李迪 呂夷簡		七月庚子，王曙自樞密使加平章事。 八月庚午，王曾自天平軍節度使、檢校太師、同平章事除樞密使。	八月癸亥，樞密使王曙卒。
二年乙亥	二月戊辰，王曾自樞密使加右僕射兼門下侍郎、同平章事、集賢殿大學士。 呂夷簡自門下侍郎兼吏部尚書、平章事加右僕射。 十一月乙巳，夷簡加申國公，曾加沂國公。 李迪	二月戊辰，李迪自集賢殿大學士、工部尚書、平章事以刑部尚書知亳州。	二月戊辰，王隨自參知政事加吏部侍郎，李諮自樞密副使加戶部侍郎，並知樞密院事。 王德用自簽書樞密事加奉國軍節度使留後〔七〕，韓億自御史中丞加工部侍郎，並同知樞密院事。	

年	宰相進拜加官	罷免	執政進拜加官	罷免
	呂夷簡 王曾		蔡齊自樞密副使加禮部侍郎，盛度自端明殿學士兼翰林侍讀學士加禮部侍郎，並除參知政事。	
三年丙子	呂夷簡 王曾		十二月丁卯，王德用自同知樞密院事進知樞密院事。章得象自翰林學士承旨兼侍讀學士、龍圖閣直學士、禮部侍郎遷同知樞密院事。	十二月丙寅，樞密副使李諮卒。
四年丁丑	四月甲子，王隨自知樞密院事加門下侍郎、同中書門下平章事、昭文館大學	四月甲子，呂夷簡自右僕射、申國公以鎮安軍節度使、同平章	四月甲子，盛度自禮部侍郎、參知政事除知樞密院事。	初，呂夷簡、王曾不協，曾言夷簡招權，交論於上前，參知政事宋

	士、監修國史。 陳堯佐自戶部侍郎、知鄭州加同中書門下平章事、集賢殿大學士。 呂夷簡 王曾 王隨 陳堯佐	事判許州。 王曾自右僕射、沂國公以左僕射、資政殿大學士判鄆州。	王鬷自樞密直學士、左司郎中、右諫議大夫除同知樞密院事。 韓億自工部侍郎、同知樞密院事，遷三司使，程琳自吏部侍郎石中立自翰林學士承旨兼龍圖閣學士，並除參知政事。 庚午，王德用自樞密副使加定武軍節度使〔八〕。	綬善夷簡，樞密副使蔡齊頗附曾。四月甲子，綬以尚書左丞，齊以吏部侍郎並免。
寶元元年 戊寅	三月戊戌，張士遜自山南東道節度使、同平章事、判河南府加門下侍郎兼兵部尚書、平章事、昭文館大學士、監修國史。	先是，右司諫韓琦屢言宰執非才，三月戊戌，王隨自門下侍郎、同中書門下平章事，以彰信軍節度使守	三月戊戌，盛度自知樞密院事加武寧軍節度使、檢校太傅，王鬷自知樞密院事，加龍圖閣學士李若谷自工部侍郎權知開封府，	三月戊戌，韓億自參知政事罷守本官歸班，尋知應天府。 石中立自參知政事以戶部侍郎、資政殿

	章得象自同知樞密院事守本官加平章事、集賢殿大學士。 王隨 陳堯佐 張士遜 章得象	本官判河陽。 陳堯佐自同中書門下平章事，以淮康軍節度使守本官判鄭州。 十一月乙卯，王曾薨。	並除參知政事。 王博文自龍圖閣直學士、給事中、權三司使，加龍圖閣直學士陳執中自工部郎中、知永興軍加右諫議大夫，並除同知樞密院事。 四月乙亥，張觀自給事中、權御史中丞除同知樞密院事。	學士免。 四月癸酉，同知樞密院事王博文卒。
二年己卯	張士遜 章得象		五月壬子，夏守贇自鎮海軍節度使、眞定都部署除知樞密院事。 十月壬寅，王鬷自參知政事加工部侍郎，除知樞密院事。	五月壬子，王德用自宣徽南院使、定國軍節度使、樞密副使以武寧軍節度使免〔九〕。 十月丁酉，盛度自武

年	宰相進拜加官	宰相罷免	執政進拜加官	執政罷免
			宋庠自翰林學士、知制誥加諫議大夫，除參知政事。	寧軍節度使、知樞密院事坐馮士元事，奪節貶秩，以尚書右丞知揚州。程琳自參知政事以光祿卿知潁州。
康定元年　庚辰	五月壬戌，呂夷簡自鎮安軍節度使、判許州〔一〇〕，加右僕射、門下侍郎、同平章事、昭文館大學士、監修國史。 張士遜 章得象 呂夷簡	五月壬戌，張士遜自門下侍郎兼兵部尙書、平章事罷守太傅，進封鄧國公。	三月戊寅，晏殊自三司使、刑部尙書，宋綬自禮部尙書、知河南府，並除知樞密院事。 王貽永自保安軍節度使、檢校太傅、駙馬都尉除同知樞密院事。 七月丁亥，夏守贇自宣徽南院使、陝西都部署復除	二月丁亥，夏守贇自知樞密院事除宣徽南院使、陝西都部署兼經略安撫等使。 三月戊寅，知樞密院事王鬷，同知樞密院事陳執中、張觀，並以西兵不利，又議鄉兵不決，鬷知河南府，執

中知青州，觀知相州。

九月戊午，李若谷自參知政事以疾授資政殿大學士、吏部侍郎、提舉會靈觀。

十二月癸卯，參知政事宋綬卒。

同知樞密院事。

八月戊申，杜衍自龍圖閣學士、刑部侍郎、權知開封府除同知樞密院事。

九月戊午，宋綬自守尚書左丞，起復加翰林學士兼龍圖閣學士晁宗慤自左司郎中、知制誥加右諫議大夫，並除參知政事。鄭戩自龍圖閣直學士、起居舍人、權三司使加右諫議大夫除同知樞密院事。

戊辰，晏殊自知樞密院事加檢校太傅、樞密使。王貽永、杜衍、鄭戩並自同

			知樞密院事進樞密副使。	
1041 慶曆元年辛巳	十月壬午，呂夷簡自右僕射加司空，固辭。 章得象 呂夷簡		五月辛未，王舉正自翰林學士、兵部侍郎〔二〕、知制誥加右諫議大夫除參知政事。 任中師自樞密直學士、右諫議大夫、知益州，任布自給事中、知河南府，並除樞密副使。	五月辛未，宋庠自參知政事守本官知揚州。 鄭戩自樞密副使以資政殿學士知杭州。
1042 二年壬午	七月壬午，呂夷簡自右僕射、門下侍郎、同平章事判樞密院事。 章得象自守同知樞密院事、平章事兼樞密使。			三月辛酉，晁宗愨自參知政事以疾遷資政殿學士、給事中免。 七月丙午，任布自樞密副使遷秩知河陽

	晏殊自樞密使加同平章事。九月丙午，呂夷簡改兼樞密使。是年冬，夷簡以疾授司空平章軍國重事，固辭。 章得象 呂夷簡 晏殊			府。
三年癸未	三月戊子，呂夷簡自司空、平章軍國重事以疾授司徒、監修國史，與議軍國大事。 章得象自平章事加工部尚書、昭文館大學士，晏殊自檢校太尉、刑部尚書、同	四月甲子，司徒呂夷簡罷與議軍國大事，九月戊辰，以太尉致仕。	三月戊子，夏竦自宣徽南院使判蔡州還戶部尚書，除樞密使。 賈昌朝自右諫議大夫、權御史中丞除參知政事。 富弼自右正言、知制誥、史館修撰除右諫議大夫、樞	四月乙巳，樞密使夏竦既至，爲臺諫所論免。 七月丙子，王舉正自參知政事以資政殿學士知許州。 九月乙亥，任中師自

四年甲申

平章事加同中書門下平章事、集賢殿大學士，並兼樞密使。
九月戊辰，章得象加監修國史。
章得象
呂夷簡
晏殊

九月甲申，杜衍自檢校太傅依前行吏部侍郎加同

九月庚午，同中書門下平章事晏殊爲孫

密副使，固辭。
四月甲辰，韓琦自陝西四路馬步軍都部署、兼經略安撫招討等使、樞密直學士、右諫議大夫，范仲淹自安撫經略招討使，並樞密副使。
乙巳，杜衍自吏部侍郎、樞密副使除樞密使。
七月丁丑，范仲淹自樞密副使除參知政事，富弼自史館修撰除樞密副使，皆固辭，八月丁未，復命之。

六月壬子，范仲淹自參知政事出爲陝西、河東宣撫

樞密副使以禮部侍郎、資政殿學士知永興軍。

	平章事兼樞密使、集賢殿大學士。 晏殊 章得象 杜衍	甫、蔡襄所論，以工部尚書知潁州。	使。 八月甲午，富弼自樞密副使出爲河北宣撫使。 九月甲寅，賈昌朝自右諫議大夫、參知政事加檢校太傅、行工部侍郎、樞密使。陳執中自資政殿學士、工部侍郎、知青州除參知政事，蔡襄、孫甫等言其剛愎不可任，上不聽。	
1045 五年乙酉	正月丙戌，賈昌朝自樞密使、檢校太傅依前工部侍郎加同平章事兼樞密使、集賢殿大學士。 四月戊申，陳執中自參知	正月丙戌，杜衍自行吏部侍郎、同平章事以行尚書左丞知兗州。 四月戊申，章得象自	正月丙戌，王貽永自宣徽南院使、保寧軍節度使依前檢校太傅除樞密使。宋庠自資政殿學士、給事中、知鄆州除參知政事。	正月乙酉，范仲淹自右諫議大夫以資政殿學士出知邠州兼陝西四路沿邊安撫使。

	政事依前行工部侍郎加同平章事、集賢殿大學士。昌朝尋加昭文館大學士、監修國史兼譯經潤文使。 杜衍 章得象 賈昌朝 陳執中	檢校太尉、工部尙書、同平章事以檢校太傅、同平章事、鎭安軍節度使知陳州。 十月庚辰，詔宰臣罷兼樞密使。	吳育自翰林學士、禮部郎中、知制誥、權知開封府加右諫議大夫，龍圖閣學士龐籍自右諫議大夫〔三〕、知延州，並除樞密副使。 四月庚戌，吳育自諫議大夫、樞密副使除參知政事。 丁度自翰林學士承旨、端明殿學士除工部尙書〔三〕、樞密副使。	富弼自右諫議大夫以資政殿學士、京東西路安撫使兼知鄆州，用錢明逸疏也。 先是，樞密副使韓琦上疏，論富弼不當輕罷，不報。董士廉又訟水洛城事，三月辛酉，琦以資政殿學士出知揚州。
六年丙戌	賈昌朝 陳執中		二月癸丑，王貽永自檢校太傅、樞密使加同平章事。 八月癸酉，參知政事吳育以與賈昌朝論事不合，改樞密副使。	

七年丁亥	
三月乙未，陳執中自工部侍郎、平章事加昭文館大學士、監修國史兼譯經潤文使。 賈昌朝 陳執中	
先是，賈昌朝與吳育爭論上前，三月乙未，昌朝以武勝軍節度使判大名府兼北京留守。	
初，上欲以河陽三城節度使、檢校太尉、同平章事、知大名府夏竦爲相，臺諫言其與陳執中素不合，三月乙未，乃命竦爲樞密使。 文彥博自樞密直學士、戶部郎中、知益州加右諫議大夫，除樞密副使。丁酉，除參知政事。 高若訥自右諫議大夫、御史中丞除樞密副使。	丁度自工部侍郎、樞密副使除參知政事。
三月乙未，吳育自右諫議大夫、樞密副使以給事中歸班。	

八年戊子	閏正月戊申，文彥博自諫議大夫、參知政事加行禮部侍郎、同平章事、集賢殿大學士。 陳執中 文彥博		四月辛未，明鎬自端明殿學士、給事中、權三司使〔四〕除參知政事。 五月辛酉，宋庠自給事中、參知政事除樞密使。 龐籍自樞密副使、左諫議大夫除參知政事。	四月辛未，丁度自參知政事還紫宸殿學士兼侍讀學士。 五月辛酉，夏竦自樞密使以檢校太師依前同平章事、河陽三城節度使判河南府兼西京留守司，以何郯論其姦邪故也。 六月甲午，參知政事明鎬卒。

皇祐元年己丑	八月壬戌，文彥博自行禮部侍郎、同平章事加吏部侍郎、昭文館大學士、監修國史。	八月壬戌，陳執中自工部侍郎、平章事以兵部尚書出知陳州。	是歲，賈昌朝自山南東道節度使、同平章事、安國公、判鄭州依前尚書右僕射、觀文殿大學士判尚書都	

二年庚寅

文彥博
宋庠

宋庠自樞密使、檢校太傅、行工部侍郎加兵部侍郎、同平章事、集賢殿大學士。
陳執中
文彥博

省。
八月壬戌，王貽永自樞密使、檢校太傅、同平章事加兼侍中。
龐籍自左諫議大夫、參知政事加檢校太傅、行工部侍郎、樞密使。
高若訥自樞密副使、右諫議大夫加工部侍郎，除參知政事。
梁適自翰林學士、吏部郎中加右諫議大夫，除樞密副使。

三年辛卯	十月庚子，龐籍自樞密使、檢校太傅依前戶部侍郎加同平章事、昭文館大學士、監修國史兼譯經使。 文彥博 宋庠 龐籍	先是，包拯、吳奎等言宋庠無所建明，三月庚申，庠以行刑部尚書、觀文殿大學士出知河南府。 十一月庚子，文彥博自吏部侍郎、同平章事以行吏部尚書、觀文殿學士出知許州。	三月庚申，劉沆自龍圖閣學士、工部侍郎、權知開封府除參知政事。 十月庚子，高若訥自戶部侍郎、參知政事除檢校太傅、樞密使。 辛丑，梁適自樞密副使、給事中除參知政事。 王堯臣自給事中、翰林學士承旨除樞密副使。	
四年壬辰	龐籍		先是，樞密使王貽永以疾求罷，五月丁未，聽解侍中，爲同平章事，依前樞密使。 六月丁亥，狄青自彰化軍節度使、知延州除檢校司	

			空、樞密副使，王舉正、賈黯皆論其不可，不聽。九月庚午，青宣徽南院使、荊湖北路宣撫使、都大提舉廣南東西路經制盜賊事，辛未，詔宣撫回日，依前樞密副使。	
五年癸巳	七月壬申，陳執中自集慶軍節度使、判大名府加行吏部尚書、同平章事、昭文館大學士、監修國史兼譯經潤文使。 梁適自參知政事加禮部侍郎、同平章事、集賢殿大學士。	龐籍甥與堂吏受賕，諫官韓絳論之，七月壬申，籍依前戶部侍郎、同平章事以京東西路安撫使出知鄆州。	二月癸未，狄青以宣徽南院使復爲樞密副使。 五月乙巳，狄青自樞密副使、護國軍節度使、檢校太尉、河中尹兼御史大夫仍守前官除樞密使。 丁未，孫沔自樞密直學士、給事中、知杭州除樞密副	五月乙巳，高若訥自戶部侍郎、樞密使以尚書左丞、觀文殿學士兼羣牧制置使免。

	龐籍 陳執中 梁適		使。	
至和元年 甲午	八月丙午，劉沆自參知政事依前工部侍郎加同平章事、集賢殿大學士。 陳執中 梁適 劉沆	七月丁卯，中丞孫抃等劾梁適，戊辰，適罷，守本官出知鄭州，尋加觀文殿大學士、知秦州。	二月壬戌，田況自三司使、禮部侍郎除樞密副使。 三月己巳，王德用自檢校太師、同平章事兼羣牧制置使、判鄭州、冀國公，仍守前官除樞密使兼河陽三城節度使。 七月丁卯，程戡自端明殿學士、給事中、知益州除參知政事。	二月壬戌，孫沔自樞密副使以資政殿學士出知杭州。 三月己巳，王貽永自樞密使依前檢校太師，以行尙書右僕射兼侍中、鄧國公、景靈宮使領彰德軍節度使。

二年乙未	六月戊戌，文彥博自忠武軍節度使、檢校太尉兼知永興軍加禮部尚書、同平章事、昭文館大學士兼譯經潤文使。 富弼自宣徽南院使、檢校太保、判并州加戶部侍郎、同平章事、集賢殿大學士。 劉沆自工部侍郎、同平章事加兵部侍郎、監修國史。 陳執中 劉沆 文彥博 富弼	六月戊戌，行吏部尚書、同平章事陳執中以檢校太尉、同平章事、鎮海軍節度、判亳州。		
嘉祐元年	十二月壬戌，文彥博自禮	中丞張昪等論劉沆	閏三月癸未，王堯臣自樞	八月癸亥，狄青自樞

丙申	部尚書、同平章事加監修國史。 劉沆 文彥博 富弼	疏十七上，十二月壬子，沆以行工部尚書、觀文殿大學士出知應天府。	密副使、給事中除戶部侍郎、參知政事。 程戡自給事中、參知政事除戶部侍郎、樞密副使。 八月癸亥，韓琦自三司使加檢校少傅依前行工部尚書、樞密使。 十一月辛巳，賈昌朝自山南東道節度使〔三〕、檢校太師兼侍中、判大名府兼北京留守、許國公，仍守前官除樞密使、襄州觀察使。 十二月壬子，曾公亮自翰林學士、權知開封府除給事中、參知政事。	密使依前檢校太尉，以同平章事、護國軍節度使判陳州。 十一月辛巳，王德用自樞密使依前檢校太師，以同平章事、景靈宮使領忠武軍節度使。 十二月壬戌，樞密使賈昌朝辭兼侍中。

1057 二年丁酉	文彥博 富弼			
1058 三年戊戌	六月丙午，富弼自戶部侍郎、同平章事加禮部侍郎、昭文館大學士、監修國史兼譯經潤文使。 韓琦自樞密使、工部尚書依前官加同平章事、集賢殿大學士。 文彥博 富弼 韓琦	六月丙午，文彥博自檢校太師、同平章事以河陽三城節度使判河南府兼西京留守。	六月丙午，宋庠自觀文殿大學士依前行兵部尚書、同平章事兼羣牧制置使、樞密使。 田況自樞密副使、禮部侍郎、檢校太傅除樞密使。 張昪自右諫議大夫、權御史中丞除樞密副使。	六月丙午，賈昌朝自樞密使以行尚書左僕射、檢校太師兼侍中、景靈宮使領鎮安軍節度使。 八月己未，參知政事王堯臣卒。
1059 四年己亥	富弼 韓琦			五月丙辰，田況自樞密使以尚書右丞、觀

				文殿學士兼翰林侍讀學士提舉景靈宮事。
五年庚子	富弼 韓琦		四月癸未，孫抃自翰林學士承旨兼侍讀學士、禮部侍郎除樞密副使。 十一月辛丑，曾公亮自參知政事、檢校太傅依前禮部侍郎除樞密副使〔一六〕。張昇自樞密副使、右諫議大夫，孫抃自禮部侍郎、樞密副使，並除參知政事。歐陽修自翰林學士兼侍讀學士、禮部侍郎、知制誥、史館修撰，陳旭自樞密直	四月癸未，程戡自樞密副使以禮部侍、郎〔一七〕、觀文殿學士兼翰林侍讀學士、同羣牧制置使免。 十一月辛丑，宋庠自檢校太尉、行兵部尚書、同平章事兼羣牧制置使、莒國公、樞密使以河陽三城節度使、同平章事判鄭州。

			學士、右諫議大夫，趙槩自御史中丞、加禮部侍郎，並除樞密副使。旭後改名升之。	
六年辛丑	六月甲戌，富弼起復以前官同平章事，固辭。 閏八月庚子，韓琦自工部尚書、同平章事加昭文館大學士、監修國史。 曾公亮自樞密副使、檢校太傅兼羣牧制置使、行吏部侍郎加同平章事、集賢殿大學士。 韓琦 曾公亮	三月己亥，禮部侍郎、同平章事富弼丁母憂。	四月庚辰，包拯自三司使、給事中除樞密副使。 閏八月庚子，張昪自右諫議大夫、參知政事加檢校太傅、行工部侍郎，除樞密使。 歐陽修自禮部侍郎、樞密副使除參知政事。 胡宿自翰林學士兼端明殿學士、翰林學士、左司郎中、知制誥、史館修撰除左	四月庚辰，樞密副使陳旭以資政殿學士知定州。

年	宰相進拜加官	宰相罷免	執政進拜加官	執政罷免
			諫議大夫、樞密副使。	
1062 七年壬寅	韓琦 曾公亮		三月乙卯，趙槩自樞密副使、禮部侍郎除參知政事。 吳奎自翰林學士、權知開封府除樞密副使。	三月乙卯，孫抃自參知政事以觀文殿學士兼翰林侍讀學士〔二〕、同羣牧制置使免。 五月庚午，樞密副使包拯卒。
1063 八年癸卯 英宗四月壬申朔即位	韓琦 曾公亮		五月戊午，富弼既除喪，授樞密使、檢校太師、行禮部尚書、同平章事。	
1064 治平元年甲辰	閏五月戊辰，韓琦自門下侍郎兼兵部尚書、同平章		十二月丙午，王疇自翰林學士、禮部侍郎除樞密副	十二月戊子，樞密副使吳奎丁父憂。

1065

	二年乙巳
事、昭文館大學士、監修國史、魏國公加尚書右僕射。 韓琦 曾公亮	韓琦 曾公亮
使。	三月己未，起復吳奎，奎固辭。 五月癸亥，陳旭自資政殿學士、禮部侍郎除樞密副使。 七月庚辰，文彥博自淮南節度使、檢校太師兼侍中、行揚州大都督長史、潞國公除樞密使。 辛巳，呂公弼自工部侍郎、權三司使、樞密直學士除
	二月癸卯，樞密副使王疇卒。 七月癸亥，富弼自行戶部尚書以檢校太師、同平章事、鎮海軍節度使判河陽。 庚辰，張昇自樞密使辭疾，以檢校太尉、同平章事、彰信軍節度使判許州。

年	宰相進拜加官	宰相罷免	執政進拜加官	執政罷免
			守本官、樞密副使。	
1066 三年丙午	韓琦 曾公亮		四月庚戌，郭逵自殿前都虞候、容州觀察使加檢校太保，除同簽書樞密院事。	四月庚戌，胡宿自樞密副使以觀文殿學士、吏部侍郎知杭州。 十月丁亥，郭逵自同簽書樞密院事除陝西四路沿邊宣撫使兼判渭州。
1067 四年丁未 神宗正月丁巳即位	正月戊辰，韓琦自尚書右僕射、同平章事、魏國公加守司空兼侍中。 九月壬寅，曾公亮自集賢殿大學士、同中書門下平章事加尚書左僕射。	九月辛丑，韓琦自守司空兼侍中、同平章事、魏國公以守司徒兼侍中、檢校太師、鎮安武勝軍節度使判相州。	正月丙寅，吳奎除喪，復樞密副使。三月癸酉，以禮部侍郎參知政事。 九月辛丑，呂公弼自樞密副使、刑部侍郎除檢校太傅、樞密使。	三月壬申，歐陽修自尚書右丞〔二〕、參知政事以觀文殿學士、刑部尚書知亳州。 九月辛丑，吳奎自參知政事以資政殿學

	韓琦 曾公亮		張方平自翰林學士承旨兼龍圖閣學士、端明殿學士、戶部尚書，趙抃自龍圖閣學士、右司郎中、知諫院，並除參知政事。抃遷右諫議大夫。 韓絳自三司使、吏部侍郎，邵亢自樞密直學士、兵部員外郎、知開封府，並除樞密副使。亢遷右諫議大夫。	士、戶部侍郎知青州。陳旭自樞密副使、戶部侍郎以觀文殿學士、尚書右丞〔一〇〕知越州。癸卯，郭逵自同簽書樞密院事以宣徽南院使判鄆州。 十月己酉，參知政事張方平丁父憂。
1068 熙寧元年 戊申	曾公亮		正月丙申，唐介自龍圖閣學士、給事中、權三司使除參知政事。 七月己卯，陳旭自觀文殿學士、尚書左丞、知越州除	正月丙申，趙槩自參知政事以吏部尚書、觀文殿學士知徐州。 十二月辛酉，邵亢自樞密副使以資政殿

			知樞密院事。	學士、給事中知越州。
二年己酉	二月己亥，富弼自觀文殿大學士、行尚書左僕射、鄭國公依前左僕射加兼門下侍郎、同平章事、昭文館大學士、監修國史。十月丙申，曾公亮自行吏部侍郎、同平章事、集賢殿大學士加昭文館大學士、監修國史兼譯經潤文使、魯國公。陳旭自尚書右丞、知樞密院事加行禮部尚書、同平章事、集賢殿大學士。富弼	十月丙申，富弼自左僕射兼門下侍郎、同平章事加檢校太師，依前行左僕射、同平章事以武寧軍節度使判亳州。	二月庚子，王安石自翰林學士、工部侍郎兼侍講除右諫議大夫、參知政事。	四月丁未，參知政事唐介卒。

	三年庚戌
曾公亮 陳旭	十二月丁卯，韓絳自吏部尚書〔三一〕、參知政事加同平章事、昭文館大學士。 王安石自右諫議大夫、參知政事加禮部侍郎、同平章事、監修國史。 曾公亮 陳旭 韓絳 王安石
	九月庚子，曾公亮自行吏部侍郎、同平章事、昭文館大學士以守司空、檢校太師兼侍中領河陽三城節度使、集禧觀使，五日一奉朝請。 十月戊寅，陳旭自行禮部尚書、同平章事丁母憂。
	二月壬申，司馬光自翰林學士、兼侍讀學士、右諫議大夫、史館修撰除樞密副使，辭不拜。 四月己卯，韓絳自樞密副使除兼參知政事。 七月壬辰，馮京自□部侍郎〔三二〕、權御史中丞除右諫議大夫、樞密副使。 九月辛丑，馮京自樞密副使除參知政事。 吳充自翰林學士、右司郎中、權三司使除右諫議大
	四月己卯，趙抃自參知政事、右諫議大夫以資政殿學士知杭州。 七月壬辰，呂公弼自樞密副使以吏部侍郎、觀文殿大學士知太原府〔三三〕。 九月乙未，韓絳自樞密副使除陝西路宣撫使。

		1071	1072
年		四年辛亥	五年壬子
宰相進拜加官		正月壬子，陳旭起復，仍禮部尚書加同平章事，辭不拜。 韓絳 王安石	王安石
宰相罷免		三月丁未，韓絳自同平章事守吏部侍郎，知鄧州。	
執政進拜加官	夫、樞密副使。 十二月丁卯，王珪自翰林學士承旨、端明殿學士、翰林侍讀學士、禮部侍郎仍守本官，除參知政事。		二月丙寅，蔡挺自龍圖閣直學士、右諫議大夫、知渭州除樞密副使。 十二月壬午，陳旭以檢校太傅、行禮部尚書、同平章
執政罷免			

			事除樞密使。	
1073 六年癸丑	王安石		四月己亥，文彥博自劍南西川節度使、守司空兼侍中、樞密使以守司徒兼侍中、河東節度使判河陽。	
1074 七年甲寅	四月丙戌，韓絳自觀文殿大學士、行吏部侍郎、知大名府守本官加同中書門下平章事、監修國史。 王安石 韓絳	四月丙戌，王安石自禮部侍郎、同平章事以吏部尚書、觀文殿大學士知江寧府。	四月丙戌，呂惠卿自翰林學士、右正言兼侍讀除右諫議大夫、參知政事。 十二月丁卯，王韶自觀文殿學士兼端明殿學士、龍圖閣學士、禮部侍郎、知熙州除樞密副使。	
1075 八年乙卯	二月癸酉，王安石自觀文殿大學士、吏部尚書、知江	八月庚戌，韓絳自觀文殿大學士、行吏部	四月戊寅，吳充自樞密副使、右諫議大夫除檢校太	正月庚子，蔡挺自右諫議大夫、樞密副使

	九年丙辰
寧府依前官加同平章事、昭文館大學士。 韓絳 王安石	十月丙午，吳充自樞密使、檢校太傅、行工部侍郎守
侍郎、同中書門下平章事以禮部尚書、觀文殿大學士知許州。	十月丙午，王安石自檢校太傅依前尙書
傅、行工部尚書〔三〕、樞密使。 十二月壬寅，元絳自翰林學士兼侍讀學士、判太常寺兼羣牧使、工部侍郎除參知政事。 曾孝寬自龍圖閣直學士、起居舍人兼樞密都承旨、同羣牧使除樞密直學士、簽書樞密院事。	十月丙午，馮京自資政殿學士、右諫議大夫、知成都
以資政殿學士判南京留司御史臺。 馮京自右諫議大夫、參知政事以守本官知亳州。 閏四月乙未，陳旭自禮部尚書、同平章事、樞密使以檢校太尉、鎮江軍節度使、同平章事判揚州。 十月庚寅，呂惠卿以參知政事守本官知陳州。	

	前官加同平章事、監修國史。 王珪自禮部侍郎、參知政事守前官加同平章事、集賢殿大學士。 王安石 吳充 王珪	左僕射，領鎮南軍節度使判江寧府。	府除知樞密院事。	
1077 十年丁巳	吳充 王珪			二月己亥，王韶自樞密副使以戶部侍郎、觀文殿大學士〔三五〕知洪州。
1078 元豐元年戊午	吳充 王珪		閏正月壬辰，孫固自權知開封府、樞密直學士、右諫	閏正月己亥，簽書樞密院事曾孝寬丁父

年	宰相進拜加官	宰相罷免	執政進拜加官	執政罷免
			議大夫除同知樞密院事。 九月乙酉，呂公著自端明殿學士兼翰林侍讀學士、寶文閣學士、戶部侍郎，薛向自樞密直學士、工部侍郎，並除同知樞密院事。	憂，五月庚辰，起復，固辭。
1079 二年己未	吳充 王珪		五月戊子，蔡確自右諫議大夫、權御史中丞、直學士院、判司農寺除參知政事。	五月甲申，元絳自參知政事以工部侍郎知亳州。
1080 三年庚申	九月丙戌，王珪自同中書門下平章事加監修國史。 吳充 王珪	三月己丑，吳充辭疾，以吏部尚書、觀文殿大學士、西太一宮使免。	二月丙午，章惇自翰林學士、右正言、知審官東院除右諫議大夫、參知政事。 九月癸未，薛向自工部侍郎、同知樞密院事、加正議	

			大夫，孫固自右諫議大夫、同知樞密院事、加太中大夫，並除樞密副使。丙戌，馮京自通議大夫、知樞密院事除正議大夫、樞密使。丁亥，呂公著自戶部侍郎、同知樞密院除正議大夫、樞密副使。	
四年辛酉	王珪		正月辛亥，孫固自樞密副使、太中大夫除兼群牧制置使、知樞密院事。呂公著自樞密副使、正議大夫，加龍圖閣直學士韓縝自太中大夫、樞密都承	正月辛亥，馮京自正議大夫兼群牧制置使、樞密使以光祿大夫、觀文殿學士知河陽府〔二五〕。三月癸卯，章惇自參

			旨兼羣牧使，並除同知樞密院事。三月甲辰，張璪自翰林學士除太中大夫、參知政事。	知政事坐父俞強占民田及爲朱服所奏，而報上不實，以太中大夫知蔡州。
五年壬戌	是年，改官制，以左、右僕射爲宰相。四月癸酉，王珪自銀青光祿大夫兼門下侍郎、同中書門下平章事依前官加尚書左僕射兼門下侍郎。蔡確自太中大夫、參知政事依前官加右僕射兼中書侍郎。王珪　蔡確		四月甲戌，章惇自太中大夫、知定州加守門下侍郎。張璪自太中大夫、參知政事加守中書侍郎。蒲宗孟自翰林學士加中大夫、守尚書左丞。王安禮自翰林學士加中大夫、守尚書右丞。	四月丁丑，呂公著自正議大夫、同知樞密院事以光祿大夫、資政殿大學士〔三〕知定州。

1083 六年癸亥	王珪 蔡確		七月丙辰，韓縝自太中大夫、同知樞密院進知樞密院事。 安燾自太中大夫、試戶部尚書除同知樞密院事。 八月辛卯，王安禮自守尚書右丞除尚書左丞。 李清臣自吏部尚書除中大夫、尚書右丞。	七月丙辰，孫固自知樞密院事以通議大夫、觀文殿學士知河陽。 八月辛卯，蒲宗孟自中大夫以守尚書左丞知汝州。
1084 七年甲子	王珪 蔡確			七月甲寅，王安禮自尚書左丞以端明殿學士知江寧府。
1085 八年乙丑 哲宗三月戊戌即位	五月戊午，蔡確自通議大夫、右僕射兼中書侍郎加兼門下侍郎、左僕射。	五月庚戌，左僕射兼門下侍郎王珪薨。	五月戊午，章惇自通議大夫、門下侍郎除知樞密院事。	

韓縝自通議大夫、知樞密院事加兼中書侍郎、右僕射。	王珪 蔡確 韓縝
司馬光自資政殿學士、通議大夫、知陳州加守門下侍郎。 七月戊戌，呂公著自資政殿大學士、銀青光祿大夫兼侍讀加尚書左丞。	

校勘記

〔一〕刑部尚書　按長編卷一一一明道元年二月，張士遜除刑部尚書、平章事，十一月，遷中書侍郎兼兵部尚書；同書卷一一二明道二年四月，加門下侍郎、昭文館大學士、監修國史，則張爲門下侍郎時已是兵部尚書。宋大詔令集卷五三張士遜拜昭文相制正作「兵部尚書」，此處「刑部」當爲「兵部」之誤。

〔二〕判澶州　按本書卷三一一本傳、長編卷一一二、張方平樂全集卷三六呂夷簡神道碑都說夷簡於是年罷相，判陳州；宋大詔令集卷五三明道二年十月呂夷簡拜昭文制載：呂夷簡以判陳州軍州事復相，則夷簡所判當是陳州。但宋大詔令集卷六六呂夷簡罷相授使相判澶州制，又載夷簡所授是澶州。疑澶州係屬初授，未上任即改陳州，故本傳、長編、神道碑都不載。

〔三〕中書侍郎　按本表宰相進拜加官欄四月己未條，張士遜已遷門下侍郎，此處不得再稱中書侍郎；長編卷一一三、宋大詔令集卷六六張士遜罷相判河南府制都說門下侍郎、平章事張士遜以左僕射判河南府，此處「中書」當爲「門下」之誤。

〔四〕判陳州　「陳州」原作「陝州」，據本書卷三一一本傳、宋大詔令集卷五三呂夷簡拜昭文制改。

〔五〕戶部尚書　按本書卷二八四本傳、長編卷一一二都作「戶部侍郎」，此處「尚書」當爲「侍郎」之誤。

〔六〕河陽三城節度使　「河陽」、「三城」原倒，據本書卷二九〇本傳、長編卷一一三乙正。

〔七〕王德用自簽書樞密事加奉國軍節度使留後　按上文明道二年十月戊午條，王德用已遷樞密副使，此處不應仍書舊銜，本書卷二七八本傳、長編卷一一六都作「樞密副使」，此處誤。又「奉國軍」原作「奉德軍」，據同書同卷改。

〔八〕王德用自樞密副使加定武軍節度使　按上文景祐三年十二月丁卯條，王德用已進知樞密院事，此處不應仍書舊銜，本書卷二七八本傳、長編卷一二〇都作「知樞密院事」，此處誤。又「定武軍」，長編作「武定軍」。

〔九〕王德用自宣徽南院使定國軍節度使樞密副使以武寧軍節度使免　「樞密副使」，應作「知樞密院事」，見校勘記〔八〕。「武寧」原作「武密」，據本書卷二七八本傳、長編卷一二三改。

〔一〇〕判許州　按本書卷三一一本傳，呂「以鎮安軍節度使、同平章事判許州，徙天雄軍，未幾，以右僕射入相。」則「許州」應作「天雄軍」方合。長編卷一二七、宋大詔令集卷五三呂夷簡再相制都作「天雄軍」，是。

〔一一〕兵部侍郎　按本書卷二六六本傳、長編卷一三二都作「兵部郎中」，此處「侍郎」當爲「郎中」之誤。

〔一二〕龍圖閣學士龐籍自右諫議大夫　「龍圖閣學士」、「右諫議大夫」，本書卷三一一本傳、長編卷一五四都分別作「龍圖閣直學士」、「左諫議大夫」，此處「閣」下當有「直」字，「右」當作「左」。

〔一三〕工部尚書　按下文慶曆六年八月癸酉條，丁度爲工部侍郎，本書卷二九二本傳、長編卷一五五同，此處「尚書」當爲「侍郎」之誤。

〔一四〕三司使　原作「三省使」，按宋無「三省使」職官，據本書卷二九二本傳、長編卷一六四改。

〔一五〕山南東道節度使　「山」原作「京」，按宋無「京南東道節度使」，本書卷二八五本傳、長編卷一八四都作「山南東道節度使」，據改。又本條下文「仍守前官除樞密使襄州觀察使」，按本書本傳、王安石臨川先生文集卷八七賈昌朝神道碑都不載賈除襄州觀察使，疑此處有誤。

〔一六〕樞密副使　按本書卷一二仁宗紀、卷三一二本傳、長編卷一九二都作「樞密使」，此處「副」字當是衍文。又下文嘉祐六年閏八月庚子條「曾公亮自樞密副使」句的「副」字，也是衍文。

〔一七〕禮部侍郎　按本書卷二九二本傳、長編卷一九一、宋宰輔編年錄卷五都作「戶部侍郎」，此處「禮部」當爲「戶部」之誤。

〔一八〕觀文殿學士兼翰林侍讀學士　「殿」字下原脫「學士兼翰林」五字。按本書卷一六二職官志，觀文殿無侍讀學士，長編卷一九六載：「參知政事孫抃爲觀文殿學士兼翰林侍讀學士、同羣牧制置使」，本書卷二九二本傳同，據補。

〔一九〕尚書右丞　按本書卷一四神宗紀、歐陽修歐陽文忠公集附錄卷一歐陽修行狀，「右丞」都作「左丞」，此處「右」字當爲「左」字之誤。

〔二〇〕尚書右丞　按下文熙寧元年七月己卯條作「左丞」，琬琰集下編卷一五本傳也作「左丞」，此處「右」字當是「左」字之誤。又據宋大詔令集卷五六陳升之拜集賢相制、宋宰輔編年錄卷五，下文熙寧二年十月丙申條「陳旭自尚書右丞」句的「右」字，也是「左」字之誤。

〔二一〕吏部尚書　按上文治平四年九月辛丑條，韓絳自吏部侍郎除樞密副使；本表下文熙寧四年三月丁未條，韓絳自守吏部侍郎知鄧州；長編卷二一〇、宋大詔令集卷五六韓絳昭文相制也都作吏部侍郎，此處「尚書」當是「侍郎」之誤。

〔三二〕□部侍郎　「部」上原缺一字，按琬琰集下編卷一六本傳、長編卷二一三都作「禮」，宋宰輔編年錄卷七作「戶」；「侍郎」，三書都作「郎中」。

〔三三〕呂公弼自樞密副使以吏部侍郎觀文殿大學士知太原府　按上文治平四年九月辛丑條，呂公弼已除樞密使；本書卷三一一本傳、長編卷二一三都說呂自樞密使罷爲觀文殿學士、知太原府，此處「副」、「大」二字當是衍文。

〔三四〕工部尚書　按長編卷二六二、宋宰輔編年錄卷八都作「工部侍郎」，此處「尚書」當爲「侍郎」之誤。

〔三五〕觀文殿大學士　按本書卷三二八本傳、長編卷二八〇都作「觀文殿學士」，此處「大」字當是衍文。

〔三六〕兼羣牧制置使樞密使以光祿大夫觀文殿學士知河陽府　「制置」下原脫「使」字，「知」原作「判」。按宋制，使相、左右僕射及宣徽使出守者稱「判」，馮京不屬此例，據本書卷三一七本傳、長編卷三一一改補。

〔三七〕資政殿大學士　按本書卷三三六本傳、長編卷三二五都說呂是「資政殿學士」，此處「大」字當係衍文。

宋史卷二百一十二

表第三

宰輔三

公元1086

紀年	宰相進拜加官	罷免	執政進拜加官	罷免
元祐元年丙寅	閏二月庚寅，司馬光自正議大夫、守門下侍郎依前官加左僕射兼門下侍郎。壬辰，呂公著自金紫光祿大夫、尚書左丞加門下侍郎。	閏二月庚寅，左僕射蔡確累爲劉摯、孫覺、蘇轍、朱光庭、王巖叟所論，守前官以觀文殿大學士知陳州。四月己丑，韓縝自右	閏二月丙午，李清臣自通議大夫、守尚書右丞除尚書左丞。呂大防自試吏部尚書除中大夫、尚書右丞。乙卯，安燾自同知樞密院	閏二月辛亥，正議大夫、知樞密院事章惇爲劉摯、王巖叟、朱光庭等所論，又於簾前爭論誼悖，罷，守本官知汝州。

	四月壬寅，呂公著自金紫光祿大夫、門下侍郎依前官加右僕射兼中書侍郎。 文彥博自河東節度使、守太師、開府儀同三司、潞國公落致仕加太師、平章軍國重事。 韓縝 蔡確 司馬光 呂公著 文彥博	僕射以光祿大夫、觀文殿大學士知潁昌府、京西北路安撫使。 九月丙辰朔，左僕射兼門下侍郎司馬光薨。	事進知樞密院事。 范純仁自試吏部尙書兼侍讀除中大夫、同知樞密院事。 五月丁巳朔，韓維自資政殿大學士、正議大夫兼侍讀除守門下侍郎。 十一月戊午，劉摯自試御史中丞除中大夫、尙書右丞〔一〕。 呂大防自中大夫、尙書左丞〔二〕除中書侍郎。	九月己卯，張璪自中書侍郎以資政殿學士、光祿大夫知鄭州。
1087 二年丁卯	文彥博 呂公著		五月丁卯，劉摯自中大夫、守尙書右丞除尙書左丞。 王存自守兵部尙書除中	四月戊申，李淸臣自尙書左丞以資政殿學士知河陽。

大夫、尙書右丞。六月辛丑，安燾自正議大夫、同知樞密院事進知樞密院事。

七月辛未，韓維自正議大夫、門下侍郎以資政殿大學士知鄧州。

三年戊辰

四月辛巳，呂公著自金紫光祿大夫、尙書右僕射兼中書侍郎加司空、平章軍國重事。呂大防自中書侍郎加太中大夫、左僕射兼門下侍郎。范純仁自同知樞密院加太中大夫、右僕射兼門下侍郎〔三〕。文彥博

四月壬午，孫固自觀文殿學士、正議大夫兼侍讀除門下侍郎。王存自中大夫、尙書右丞除尙書左丞。胡宗愈自試御史中丞除中大夫、尙書右丞。趙瞻自中散大夫、試戶部侍郎除簽書樞密院事。

年		四年己巳
	呂公著 呂大防 范純仁	文彥博 呂公著 呂大防 范純仁
		二月甲辰，司空、同平章軍國事呂公著薨。六月甲辰，范純仁自太中大夫、右僕射守前官以觀文殿學士知潁昌府。
		六月丙午，韓忠彥自樞密直學士、戶部尚書除中大夫、尚書左丞。趙瞻自簽書樞密院事進同知樞密院事。十一月癸未，孫固自門下侍郎除光祿大夫、知樞密院事。劉摯自中大夫、守中書侍郎除門下侍郎。傅堯俞自試吏部尚書除中大夫、守中書侍郎。
		三月己卯，胡宗愈自尚書右丞以資政殿學士知陳州。六月甲辰，王存自中大夫、尚書左丞以端明殿學士知蔡州。七月乙亥，安燾自知樞密院事丁母憂。十月乙卯，詔起復，燾辭。

1090	五年庚午	文彥博 呂大防	二月庚戌，文彥博自太師、平章軍國重事以守太師、儀同三司、河中興元尹、護國軍山南西道節度使致仕。	三月壬申，韓忠彥自中大夫、尚書左丞遷同知樞密院事。 蘇頌自翰林學士承旨、知制誥兼侍讀除右光祿大夫、尚書左丞。	三月丙寅朔，中大夫、同知樞密院事趙瞻卒。 四月甲辰，右光祿大夫、知樞密院事孫固卒。 十二月辛卯朔，許將自尚書右丞以太中大夫、資政殿學士知定州。
1091	六年辛未	二月辛卯，劉摯自守門下侍郎、太中大夫加右僕射兼中書侍郎。 呂大防 劉摯	十一月乙酉朔，劉摯自右僕射以觀文殿學士知鄆州。	二月辛卯，王巖叟自龍圖閣待制、知開封府〔四〕除簽書樞密院事。 癸巳，蘇轍自龍圖閣學士、御史中丞除中大夫、尚書	十一月辛丑，中大夫、守中書侍郎傅堯俞卒。

			右丞。	
七年壬申	六月辛酉，蘇頌自守尚書左僕射加左光祿大夫、守尚書左僕射〔五〕兼中書侍郎。 呂大防 蘇頌		六月辛酉，蘇轍自守尚書右丞除中大夫〔六〕、門下侍郎。 韓忠彥自同知樞密院事除中大夫〔七〕、知樞密院事。 范百祿自翰林學士、太中大夫除中書侍郎。 梁燾自翰林學士除中大夫、尚書左丞。 鄭雍自太中大夫、御史中丞除尚書右丞。 劉奉世自左朝請大夫、寶文閣待制、權戶部尚書除	五月丙午，王巖叟自簽書樞密院事以端明殿學士知鄭州。

1093

八年癸酉

七月丙子朔，范純仁自觀文殿大學士知潁昌府加通議大夫、尚書右僕射兼中書侍郎。

呂大防

蘇頌

范純仁

三月癸未，蘇頌自右僕射依前左光祿大夫、觀文殿大學士、集禧觀使。

簽書樞密院事。

三月辛卯，范百祿自中書侍郎以太中大夫、資政殿學士知河中府。

六月戊午，梁燾自尚書左丞以資政殿學士領醴泉觀使〔八〕。

1094

紹聖元年甲戌

四月壬戌，章惇自通議大夫、提舉洞霄宮加左正議大夫、守尚書左僕射兼門下侍郎。

呂大防

范純仁

三月乙亥，呂大防自左僕射、中書侍郎〔九〕以觀文殿大學士、右光祿大夫知潁昌府，改知永興軍。

四月壬戌，范純仁自

二月丁未，李清臣自資政殿學士、守戶部尚書除正議大夫、中書侍郎。

鄧溫伯自端明殿學士、守兵部尚書除右光祿大夫、尚書左丞。

三月丁酉，蘇轍自太中大夫、門下侍郎以守本官知汝州。

五月辛亥，劉奉世自簽書樞密院事以端明殿學士、眞定府路

	章惇	尚書右僕射兼中書侍郎以右正議大夫、觀文殿大學士知潁昌府、京西北路安撫使。	閏四月甲申，安燾自觀文殿學士、右正議大夫除門下侍郎。 六月癸未，曾布自翰林學士承旨、知制誥兼侍讀，除中大夫、同知樞密院事。	安撫使兼知成德軍。 乙丑，尚書左丞鄧潤甫卒。潤甫舊名溫伯，復今名。
二年乙亥	章惇		十月甲戌，許將自守吏部尚書兼侍讀除守尚書左丞。 蔡卞自翰林學士兼侍讀、修國史除守尚書右丞。	十月甲子，鄭雍自太中大夫、尚書右丞〔一〇〕以資政殿學士知陳州。 十一月乙未，安燾自右正議大夫、門下侍郎以觀文殿學士知河南府。

1096 三年丙子	章惇			正月庚子，韓忠彥自太中大夫、知樞密院事以觀文殿學士知眞定府。
1097 四年丁丑	章惇	二月己未，故司馬光自左僕射追貶清海軍節度副使。 故呂公著自司空、平章軍國事追貶建武軍節度副使。 癸未，前宰相呂大防責授舒州團練副使，循州安置。 前宰相劉摯責授鼎州團練副使，新州安	閏二月壬寅，曾布自同知樞密院事除太中大夫、知樞密院事。 林希自翰林學士、知制誥除太中大夫、同知樞密院事。 許將自守尚書左丞除正議大夫、中書侍郎。 蔡卞自太中大夫、守尚書右丞除尚書左丞。 黃履自試吏部尚書除中	正月庚戌，李清臣自正議大夫、中書侍郎以資政殿大學士知河南府。 二月己未，故王巖叟自端明殿學士追貶雷州別駕。 癸未，蘇轍自前門下侍郎責授化州別駕，雷州安置。 梁燾自前資政殿學

		置。前宰相范純仁責授武安軍節度副使，永州安置。甲申，前太師致仕文彥博降授太子少保致仕。故左僕射王珪追貶萬安軍司戶。	大夫、尚書右丞。	士責授雷州別駕，化州安置。劉奉世自前端明殿學士落職，分司南京，郴州居住。韓維自前資政殿大學士致仕落職，特授左朝議大夫致仕。
1098 元符元年戊寅	章惇			四月壬辰，林希自同知樞密院事出知亳州。
1099 二年己卯	章惇			閏九月辛巳，黃履自通議大夫、尚書右丞以守本官知亳州。

三年庚辰 徽宗正月 己卯卽位	四月甲辰，韓忠彥自門下侍郎加正議大夫、右僕射兼中書侍郎。十月丁酉，遷左僕射兼門下侍郎，進封儀國公。 壬寅，曾布自知樞密院事加右銀青光祿大夫、守尚書右僕射兼中書侍郎。 章惇 韓忠彥 曾布	先是，豐稷、陳次升、龔夬、陳瓘劾章惇爲山陵使而喪轝陷濘暴露，九月辛未，以守本官知越州。	二月戊午，韓忠彥自通議大夫、守吏部尚書仍前官加門下侍郎。 黃履自資政殿學士、提舉中太乙宮兼侍讀仍前官加尚書右丞。 四月甲辰，李淸臣自左正學士仍前正議大夫、禮部尚書加門下侍郎。 蔣之奇自翰林學士、通議大夫、知制誥除同知樞密院事。 十一月戊寅，安燾自觀文殿學士、提舉太乙宮兼集禧觀公事兼侍讀除知樞	先是，龔夬、陳瓘累疏劾蔡卞，五月乙酉，卞以資政殿學士知江寧府。 十一月庚辰，尚書右丞黃履以資政殿大學士仍前正議大夫、提舉中太乙宮兼集禧觀公事。

密院事。

辛卯，范純禮自禮部尚書除中大夫、守尚書右丞。

建中靖國元年辛巳

韓忠彥
曾布

正月癸亥，前宰相觀文殿學士〔二〕、中太乙宮使范純仁薨。

七月丁亥，蔣之奇自正議大夫、同知樞密院事進知樞密院事。

陸佃自試吏部尚書除中大夫、尚書右丞。

章楶自端明殿學士、通議大夫、提舉中太乙宮兼集禧觀事除同知樞密院事。

十一月庚申，陸佃自守尚書右丞除尚書左丞。溫益自試吏部尚書兼侍讀除中大夫、尚書右丞。

六月戊午，范純禮自中大夫、尚書右丞以仍前官出知潁昌府。

七月丙戌，安燾自左正議大夫、知樞密院事以觀文殿學士出知河南府兼西京留守。

十月乙未，李清臣自右光祿大夫、門下侍郎以資政殿學士〔三〕出知大名府兼北京留守。

崇寧元年壬午

七月戊子，蔡京自守尚書左丞加通議大夫、守尚書右僕射兼中書侍郎。

韓忠彥

曾布

蔡京

五月庚申，韓忠彥自左僕射兼門下侍郎以觀文殿大學士出知大名府兼北京留守。甲子落職。

閏六月壬戌，曾布自右僕射以觀文殿大學士、右銀青光祿大夫出知潤州。

六月丙申，許將自右銀青光祿大夫、守中書侍郎加門下侍郎。

溫益自中大夫、守尚書右丞加中書侍郎。

蔡京自翰林學士承旨、中大夫、知制誥兼侍讀、修國史、實錄修撰除尚書左丞。

趙挺之自試吏部尚書兼侍讀、修國史、編修國朝會要除中大夫、尚書右丞。八月己卯，遷尚書左丞。

張商英自翰林學士、知制誥兼侍讀、修國史、實錄修

六月丙申，陸佃自尚書左丞依前太中大夫出知亳州。

七月庚午，章楶自同知樞密院事以資政殿學士領中太乙宮使。

十月癸亥，蔣之奇自知樞密院事依前右正議大夫，以觀文殿學士出知杭州〔三〕。

			撰除中大夫、尚書右丞。十月戊寅，蔡卞自資政殿學士、左正議大夫、中太乙宮使兼侍讀除知樞密院事。	
1103 二年癸未	正月丁未，蔡京自右僕射加右光祿大夫、尚書左僕射兼門下侍郎。蔡京		四月戊寅，趙挺之自中大夫、尚書左丞除中書侍郎。張商英自中大夫、尚書右丞除尚書左丞。吳居厚自戶部尚書除中大夫、尚書右丞。安惇自兵部尚書兼侍讀除中大夫、同知樞密院事。	正月壬辰，中書侍郎溫益卒。八月戊申，張商英自尚書左丞以通議大夫出知亳州，尋改蘄州。
1104 三年甲申	五月己卯，蔡京自尚書左僕射加司空。		九月乙亥，趙挺之自右光祿大夫、中書侍郎加門下	八月乙巳，許將自門下侍郎仍前官以資

年	宰相進拜加官	宰相罷免	執政進拜加官	執政罷免
	蔡京		侍郎。 吳居厚自右光祿大夫、尚書右丞加中書侍郎。 張康國自翰林學士承旨、知制誥除尚書左丞。 鄧洵武自刑部尚書除尚書右丞。	政殿學士出知河南府。 十二月戊午，同知樞密院事安惇卒。
四年乙酉	三月甲辰，趙挺之自門下侍郎加右銀青光祿大夫、尚書右僕射兼中書侍郎。 蔡京 趙挺之	六月戊子，趙挺之自右僕射授金紫光祿大夫、觀文殿大學士，領中太乙宮使。	二月甲寅，張康國自中大夫、守尚書右丞〔四〕仍前官知樞密院事。 劉逵自兵部尚書兼侍讀、修國史兼實錄修撰除中大夫、同知樞密院事。 何執中自太中大夫、試吏部尚書兼侍讀除尚書左	正月丙申，蔡卞自金紫光祿大夫、知樞密院事仍前官以資政殿大學士出知河南府。

			丞。	
五年丙戌	二月丙寅，趙挺之自尚書右僕射兼中書侍郎〔二五〕加特進、光祿大夫、尚書右僕射兼中書侍郎。 蔡京 趙挺之	二月丙寅，蔡京自左僕射以守司空、安遠軍節度使、開府儀同三司領中太乙宮使。	正月甲辰，吳居厚自右光祿大夫、中書侍郎加門下侍郎。 劉逵自中大夫、同知樞密院事加中書侍郎。	十二月戊午，劉逵自中大夫、中書侍郎守本官出知亳州。
大觀元年丁亥	正月甲午，蔡京自安遠軍節度使依前司空、左僕射兼門下侍郎、魏國公。 十二月庚寅，蔡京自司空、左僕射兼門下侍郎、魏國公加太尉。 趙挺之	三月丁酉，趙挺之自尚書右僕射兼中書侍郎以特進、觀文殿大學士領佑神觀致仕。	正月壬子，何執中自太中大夫、尚書左丞加中書侍郎。 鄧洵武自中大夫、守尚書右丞除尚書左丞。 梁子美自中大夫、試戶部尚書除尚書右丞。	正月壬寅，吳居厚自右光祿大夫、門下侍郎以資政殿學士仍前官領太一宮使。 五月庚寅，鄧洵武自中書侍郎以守本官知隨州。

蔡京

三月丁酉，何執中自中書侍郎加門下侍郎。

鄧洵武自尚書左丞加中書侍郎。

梁子美自尚書右丞遷尚書左丞。

朱諤自吏部尚書除中大夫、尚書右丞。

六月乙未，梁子美加中書侍郎。

八月庚申，徐處仁自試戶部尚書除中大夫、尚書右丞。

林攄自太中大夫、試吏部尚書兼侍讀、實錄修撰仍

六月己亥，尚書右丞朱諤卒。

十月癸酉，尚書右丞徐處仁丁母憂。

			前官同知樞密院事。閏十月丙戌，林攄自中大夫〔二六〕、同知樞密院事除尚書左丞。鄭居中自資政殿學士、太中大夫、中太乙宮使兼侍讀、實錄修撰仍前官同知樞密院事。十二月壬寅，起復徐處仁，辭。	
二年戊子	正月己未，蔡京自太尉、左僕射兼門下侍郎、魏國公加太師。蔡京		九月辛亥，林攄自右光祿大夫、尚書左丞加中書侍郎。余深自試吏部尚書除尚書左丞。	八月丙申，梁子美自資政殿學士、正奉大夫出知鄆州。

三年己丑	六月辛巳，何執中自行中書門下侍郎加特進、尚書左僕射兼門下侍郎。 蔡京 何執中	六月辛巳，蔡京自左僕射以依前太師領中太乙宮使。	四月癸巳，鄭居中自右光祿大夫、同知樞密院事進知樞密院事。 管師仁自中大夫、試吏部尚書除同知樞密院事。 癸卯，余深自中大夫、尚書左丞加中書侍郎。 薛昂自試兵部尚書兼侍讀除中大夫、尚書左丞。 劉正夫自試工部尚書兼侍讀、實錄院修撰除尚書右丞。	三月戊申，知樞密院事張康國暴卒。 四月戊寅，林攄自中書侍郎依前正奉大夫〔七〕出知滁州。 六月甲戌，管師仁自同知樞密院事以資政殿學士依前中大夫領佑神觀使，尋卒。
四年庚寅	六月乙亥，張商英自守中書侍郎加通議大夫〔八〕、		二月己丑，余深自中大夫、中書侍郎加門下侍郎。	五月丙寅，余深自門下侍郎以資政殿學

守尚書右僕射兼中書侍郎。

何執中

張商英

張商英自資政殿學士、通議大夫、中太乙宮使加中書侍郎。

侯蒙自朝奉大夫、試戶部尚書除中大夫、同知樞密院事。

八月乙亥，劉正夫自中大夫、尚書右丞加中書侍郎。

侯蒙自中大夫、同知樞密院事除尚書左丞。

鄧洵仁自翰林學士承旨、太中大夫、知制誥兼侍讀除尚書右丞。

庚辰，吳居厚自資政殿學士、宣奉大夫、佑神觀使加

士仍中大夫出知青州。

六月丙申，薛昂自尚書左丞以資政殿學士仍中大夫出知江寧府。

十月丁酉，鄭居中自正奉大夫、知樞密院事仍前官以觀文殿學士領中太乙宮使。

			門下侍郎。十月庚申，除知樞密院事。	
1111 政和元年辛卯	何執中　張商英	八月丁巳，張商英自右僕射以觀文殿大學士出知河南府兼西京留守。	三月癸酉，王襄自試吏部尚書除中大夫、同知樞密院事。	九月戊寅，王襄自同知樞密院事以中大夫出知亳州。
1112 二年壬辰	四月庚戌，何執中以哲宗帝紀成加司空。五月己巳，蔡京落致仕，依前太師，三日一至都堂治事。十一月辛巳，進封魯國公。何執中自尚書左僕射加少傅，爲太宰，仍兼門下侍		六月己丑，知青州余深復門下侍郎。	

年	宰相進拜加官	宰相罷免	執政進拜加官	執政罷免
	郎。 蔡京 何執中			
1113 三年癸巳	八月丙子，何執中自尚書左僕射加少師〔二九〕。 蔡京 何執中		正月乙亥，鄭居中自特進、觀文殿學士、中太乙宮使兼侍讀復除知樞密院事。 四月己酉，薛昂自資政殿學士、通議大夫除尚書右丞。	正月乙亥，吳居厚自知樞密院事、宣奉大夫以武康軍節度使知洪州。 四月癸巳，鄧洵仁自尚書右丞以通議大夫、資政殿學士出知亳州，尋落職。
1114 四年甲午	蔡京 何執中			
1115 五年乙未	蔡京			

六年丙申	
五月庚子，鄭居中自特進、知樞密院事加少保、太宰兼門下侍郎。劉正夫自銀青光祿大夫、中書侍郎加特進、少宰兼中書侍郎。 蔡京 何執中 鄭居中 劉正夫	何執中
四月辛未，何執中自尚書左僕射以太傅致仕。十二月乙酉，劉正夫自少宰以安化軍節度使、開府儀同三司致仕。	
五月壬寅，鄧洵武自保大軍節度使、佑神觀使兼侍讀除正奉大夫、知樞密院事。八月乙巳，薛昂自銀青光祿大夫、尚書右丞除尚書左丞。侯蒙自中大夫、尚書左丞除中書侍郎。十一月辛卯，童貫自節度使、開府儀同三司、陝西河東河北宣撫使除簽書樞密院事。庚子，白時中自禮部尚書	

			兼侍讀除中大夫、尙書右丞。	
1117 七年丁酉	十一月辛卯，鄭居中自太宰丁母憂起復門下侍郎、余深特進、少宰兼中書侍郎。 蔡京 鄭居中 余深	八月庚午，鄭居中自太宰丁母憂。	二月，以童貫爲陝西、河東、河北宣撫使，仍帶同簽書樞密院事。三月乙未，改權領樞密院事。 十一月辛卯，白時中自中大夫、尙書右丞加中書侍郎。 十二月丁巳，薛昂自銀青光祿大夫、尙書左丞加特進、門下侍郎。 庚午，童貫領樞密院事。	十月戊寅，侯蒙自中書侍郎以資政殿學士出知亳州。
1118 重和元年	七月壬午，鄭居中自太宰		正月庚戌，王黼自翰林學	九月庚寅，薛昂自門

年	宰相進拜加官	宰相罷免	執政進拜加官	執政罷免
戊戌	加少傅。 余深自少宰加少保。 九月辛丑，鄭居中罷起復。 蔡京 鄭居中 余深		士承旨以尚書左丞起復。 七月壬午，領樞密院事童貫加檢校太保。八月甲寅，加太保。 九月庚寅，白時中自中書侍郎遷門下侍郎。 王黼自尚書左丞加中書侍郎。 馮熙載自翰林學士承旨、知制誥兼侍講除中大夫、尚書左丞。 范致虛自刑部尚書除中大夫、尚書右丞。	下侍郎除彰化軍節度使、佑神觀使兼侍讀。
宣和元年己亥	正月戊午，余深自特進、少宰兼中書侍郎加太宰兼		二月戊戌，鄧洵武自守中書侍郎知隨州〔一〇〕加少	八月丁酉，尚書左丞范致虛丁母憂。

門下侍郎。

王黼自通議大夫、中書侍郎加特進、少宰兼中書侍郎、神霄玉清萬壽宮使。

蔡京

余深

王黼

保。

三月己未，馮熙載自尚書左丞遷中書侍郎。

范致虛自尚書右丞遷尚書左丞。

張邦昌自翰林學士除尚書右丞。

七月甲寅，童貫自知樞密院事加太傅。

十一月戊辰，張邦昌自通議大夫、尚書右丞遷尚書左丞。

王安中自翰林學士承旨、知制誥除中大夫、尚書右丞。

二年庚子	九月癸亥，太宰兼門下侍郎余深以哲宗寶訓成進少傅。 十一月庚戌，王黼自特進、少宰兼中書侍郎加少保、太宰兼門下侍郎。 蔡京 余深 王黼	六月戊寅，蔡京自太尉、左僕射兼門下侍郎、魏國公、太師以太師、魯國公致仕。 十一月己亥，余深自太宰以少傅、鎮江軍〔二〕節度使出知福州。	十二月己丑，少傅、威武軍節度使鄭居中權領樞密院事。	
三年辛丑	九月丙寅，王黼自少保、太宰兼門下侍郎加少傅。 王黼		正月癸卯，童貫自太保、領樞密院事除江、浙、淮〔三〕等路宣撫使。 五月戊戌，鄭居中落「權」字，依童貫例領樞密院事。 八月乙巳，童貫加太師。	正月壬寅，少保、知隨州鄧洵武卒。 十一月丁丑，馮熙載自中書侍郎以資政殿學士出知亳州。

			鄭居中加少師〔三〕。十月庚申，童貫仍舊領陝西、河東、河北宣撫使。十一月丁丑，張邦昌自尚書左丞加中書侍郎。王安中自中大夫、尚書右丞遷尚書左丞。李邦彥自翰林學士承旨、太中大夫、知制誥兼侍讀、修國史除尚書右丞。	
1122 四年壬寅	六月丙午，王黼加少師。王黼			
1123 五年癸卯	五月庚申，王黼自太宰兼門下侍郎加太傅，依蔡京		二月乙酉朔，李邦彥自太中大夫、尚書右丞遷尚書	正月辛酉，王安中自中大夫、尚書左丞以

	昨任太師例。 王黼		左丞。 趙野自翰林學士、知制誥 除中大夫、尚書右丞。 五月庚申，鄭居中自少師、 領樞密院事加太保。 癸亥，童貫落節鉞，依前太 師。 六月乙巳，蔡攸以少師、安 遠軍節度使領樞密院事。	慶遠軍節度使、河北 河東燕山府路宣撫 使知燕山府。 六月丁未，鄭居中自 領樞密院事、太保致 仕，明日卒。 七月己未，童貫自領 陝西河東河北宣撫 使致仕。
六年甲辰	九月乙亥，李邦彥自通奉 大夫、守尚書左丞加銀青 光祿大夫、少宰兼中書侍 郎、神霄玉清萬壽宮使。 白時中自金紫光祿大夫、 門下侍郎加特進、太宰兼	十一月丙子，太宰兼 門下侍郎、楚國公王 黼以太傅致仕。	四月丁巳，李邦彥丁憂起 復。 八月乙卯，童貫自劍南東 川節度使落致仕〔四〕，依 前太師、領樞密院事、陝西 河北河東燕山府路宣撫	

1125

	七年乙巳 欽宗十二月庚申即
門下侍郎、神霄玉清萬壽宮使。 十二月癸亥，蔡京自太師、魯國公落致仕，依前太師、領三省事、神霄玉清萬壽宮使。 王黼 蔡京 白時中 李邦彥	蔡京 白時中 李邦彥
	四月庚申，蔡京罷領三省事，復以太師、魯國公致仕。
使，進封徐、豫國公。 九月乙亥，趙野自中大夫、尙書右丞遷尙書左丞。 宇文粹中自翰林學士承旨、宣奉大夫除尙書右丞。 蔡懋自朝議大夫、試開封府尹除中大夫、同知樞密院事。 蔡攸自少師、安遠軍節度使領樞密院事落節鉞，依前少師。	六月己未，蔡攸自少師、領樞密院事加太保。 十二月庚申，吳敏自試給

位	靖康元年丙午
	正月辛未，李邦彥自銀青光祿大夫、少宰兼中書侍郎起復，加特進〔二六〕、太宰兼門下侍郎。張邦昌自正奉大夫加特授依前官少宰兼中書侍郎、神霄玉清萬壽宮使。二月庚戌，加光祿大夫，太宰兼門下侍郎。
	正月辛未，白時中自太宰以觀文殿大學士領中太乙宮使依前特進、慶國公。二月庚戌，李邦彥自太宰兼門下侍郎以觀文殿學士〔二七〕領中太乙宮使。甲寅，蔡京自太師、魯
事中〔二五〕、直學士院加中大夫、門下侍郎。壬戌，耿南仲自徽猷閣學士、朝散大夫、太子詹事除資政殿學士、簽書樞密院事。	正月己巳，吳敏自中大夫、守門下侍郎除知樞密院事、親征行營副使。李棁自正奉大夫、守吏部尚書除同知樞密院事。庚午，李綱自試兵部侍郎、中大夫除尚書右丞。辛未，趙野自通議大夫、尚書左丞除門下侍郎。
	二月癸卯，蔡懋自尚書左丞以資政殿學士依前中大夫知大名府兼北京留守。王孝迪自中書侍郎以資政殿學士提舉醴泉觀。癸丑，种師道自同知樞密院事以檢校少

吳敏自知樞密院事遷太
中大夫、少宰兼中書侍郎。
三月己巳，徐處仁自守中
書侍郎加通奉大夫、太宰
兼門下侍郎。
八月己未，唐恪自正奉大
夫加少宰兼中書侍郎。
閏十一月壬辰，何㮚自守
門下侍郎加通奉大夫、右
僕射、中書侍郎。
蔡京[二八]
白時中
李邦彥
張邦昌
吳敏

國公致仕責授中奉
大夫、祕書監、分司南
京，河南居住。
三月己巳，張邦昌自
太宰、兼門下侍郎以
觀文殿大學士領中
太乙宮使。
八月己未，徐處仁自
太宰以觀文殿大學
士領中太乙宮使。
吳敏自少宰以觀文
殿大學士領醴泉觀
使。
閏十一月壬辰朔，唐
恪自少宰以觀文殿

王孝迪自通議大夫、翰林
學士承旨除中書侍郎。
蔡懋自中大夫、同知樞密
院事除尚書左丞。
甲戌，唐恪自正議大夫、守
吏部尚書除同知樞密院
事。
耿南仲自簽書樞密院事
進同知樞密院事。
辛巳，路允迪自試兵部尚
書除資政殿學士、簽書樞
密院事。
丁亥，种師道自檢校少保、
靜難軍節度使、河北河東
制置使除同知樞密院事。

傅領中太乙宮使。
甲寅，童貫自太師、廣
陽郡王、徐豫國公責
授左衞上將軍致仕，
池州居住。
蔡攸自太保、領樞密
院事、燕國公責授太
中大夫、提舉亳州明
道宮，任便居住。
三月戊辰，李棁自尚
書左丞[二九]以正奉
大夫、資政殿學士提
舉南京鴻慶宮。
庚午，宇文虛中自簽
書樞密院事以資政

徐處仁

唐恪

何㮚

大學士領中太乙宮使兼侍讀依前光祿大夫。

二月〔三〇〕戊戌，尚書右丞李綱罷，辛丑復職。

癸卯，徐處仁自觀文殿大學士、大名尹除中書侍郎。

宇文虛中自保和殿大學士除資政殿大學士、簽書樞密院事。

庚戌，李綱自中大夫、尚書右丞除知樞密院事。

耿南仲自同知樞密院事除尚書左丞。

李梲自正奉大夫、同知樞密院事除尚書右丞。

三月己巳，唐恪自正議大夫、同知樞密院事依前官

殿學士、仍中大夫出知青州。

四月庚戌，趙野自門下侍郎以資政殿學士出知襄陽府。

六月癸卯，路允迪自簽書樞密院事以資政殿學士提舉醴泉觀。

八月戊午，許翰自同知樞密院事以延康殿學士出知亳州。

九月丁丑，李綱自知樞密院事以觀文殿學士出知揚州。

			加中書侍郎。 何㮚自翰林學士、知制誥除中大夫、尚書右丞。 許翰自御史中丞除中大夫、同知樞密院事。 四月癸卯，耿南仲自太中大夫、尚書左丞依前官加門下侍郎。 是月，种師道自檢校少傅、中太乙宮使復除同知樞密院事。 六月戊戌，李綱宣撫河北、河東。 八月丙申，种師道代李綱爲宣撫。	十月戊午，王寓自尚書左丞坐辭使軍前責授單州團練副使，新州安置。 辛酉，种師道卒。 十一月戊辰，馮澥自知樞密院除資政殿學士、太子賓客。 丁丑，何㮚自中書侍郎依前官提舉醴泉觀〔三〕兼侍讀。 丁亥，李回自簽書樞密院事除提舉萬壽觀。

己未，何㮚自太中大夫、尚書右丞除中書侍郎。陳過庭自太中大夫、試禮部尚書兼侍讀除尚書右丞。聶昌自開封府尹除中大夫、同知樞密院事。李回自朝請大夫、御史中丞兼侍讀除延康殿學士、簽書樞密院事。九月丁丑，王㝢自禮部尚書除尚書左丞。十月丁未，馮澥自禮部尚書、太子詹事兼侍讀除中大夫、知樞密院事。

十一月丁丑，陳過庭自太中大夫、尚書右丞除中書侍郎。孫傅自試兵部尚書除中大夫、尚書右丞。甲申，除同知樞密院事。曹輔自御史中丞除延康殿學士、簽書樞密院事。庚寅，何㮚自資政殿學士、中大夫、提舉萬壽觀兼侍讀、領開封府事除門下侍郎。閏十一月丁酉，馮澥自資政殿學士、中大夫、太子賓客除尚書左丞。

庚子，張叔夜自延康殿學士、南道都總管除簽書樞密院事。

校勘記

〔一〕尚書右丞　「右」原作「左」，據本書卷一七哲宗紀、本表下文元祐二年五月丁卯條和長編卷三九一改。

〔二〕尚書左丞　本書卷一七哲宗紀、長編卷三九一同，但本書卷三四〇、東都事略卷八九本傳都作「右丞」，上文閏二月丙午條也說除尚書右丞，似以「右丞」爲是。

〔三〕門下侍郎　按本書卷一七哲宗紀、卷三一四本傳和長編卷四〇九都作「中書侍郎」，此處誤。

〔四〕知開封府　按本書卷三四二本傳、長編卷四五五都作「權知開封府」，此處脫一「權」字。

〔五〕蘇頌自守尚書左僕射加左光祿大夫守尚書左僕射　按本條所記兩個「左僕射」都有誤：前者，上文元祐五年三月壬申條及本書卷一七哲宗紀、卷三四〇本傳都說，蘇頌在元祐五年除尚書左丞，此處不應作「左僕射」，長編卷四七四、宋宰輔編年錄卷一〇也都作「左丞」，表誤。後者，本書卷一七哲宗紀、本傳和長編卷四七四都作「右僕射」，表也誤。

〔六〕、〔七〕中大夫　按上文元祐五年三月壬申、六年二月癸巳條，蘇轍、韓忠彥已除中大夫；下文紹聖元年三月丁酉、三年正月庚子條又說，兩人都自太中大夫罷執政；長編卷四七四也作「太中大夫」，此處「中」上脫「太」字。

〔八〕領醴泉觀使　按本書卷三四二本傳、長編卷四八四都作「同醴泉觀使」，並說「故事，非宰相不除使，遂置『同使』之名以寵之。」據此，「領」當作「同」。

〔九〕中書侍郎　按本書卷一六一職官志載，元豐改制後，中書侍郎由右僕射兼，門下侍郎由左僕射兼，此處「中書」當爲「門下」之誤。上文元祐三年四月辛巳呂大防除左僕射兼官條、宋大詔令集卷六九呂大防罷相制都作「門下侍郎」，是。

〔一〇〕尚書右丞　按本書卷三四二本傳，鄭雍在紹聖初以前已自尚書右丞遷左丞，此處不應再作「右丞」，宋會要職官七八之二八正作「左丞」，此處「右」字當是「左」字之誤。

〔一一〕觀文殿學士　按本書卷三一四、東都事略卷五九下本傳都作「觀文殿大學士」，此處「殿」下脫「大」字。

〔一二〕資政殿學士　按晁補之濟北晁先生雞肋集卷六二李清臣行狀、東都事略卷九六本傳都作「資政殿大學士」，此處「殿」下脫「大」字。

〔三〕杭州　原作「揚州」，據本書卷三四三和東都事略卷九七本傳、宋宰輔編年錄卷一一改。

〔四〕尚書右丞　按上文，本書卷三五一本傳、卷一九徽宗紀、東都事略卷一〇三本傳，張康國前已除尚書左丞，此處「右」字疑應作「左」。

〔五〕尚書右僕射兼中書侍郎　按考異卷七四：「挺之于去年六月罷相，爲觀文殿大學士、中太乙宮使，此當云自觀文殿大學士、中太乙宮使，不當仍舉前官也。」是。趙罷相事見上文崇寧四年六月戊子條。

〔六〕中大夫　按上文，林攄在大觀元年八月已爲太中大夫，此處不應又爲「中大夫」，宋宰輔編年錄卷一二正作「太中大夫」，此處「中」上脫「太」字。

〔七〕依前正奉大夫　按上文大觀二年九月辛亥條，林攄自右光祿大夫、尚書左丞加中書侍郎，此處既說「依前」，則官名仍應爲「右光祿大夫」，宋會要職官七八之三一正作「右光祿大夫」。「正奉」，當作「右光祿」。

〔八〕通議大夫　按本表同年二月條，張商英自通議大夫、中太乙宮使加中書侍郎，此處擢爲尚書右僕射兼中書侍郎，不當又說加通議大夫，宋宰輔編年錄卷一二作「通奉大夫」，此處當誤。

〔九〕尚書左僕射加少師　按本書卷二一徽宗紀，政和二年九月，改左、右僕射爲太宰、少宰；上文政和二年十一月也載何執中爲太宰，此處不應仍稱「尚書左僕射」，當誤。下文政和六年四月辛未條記何執中以太傅致仕，所稱「尙書左僕射」，也誤。

〔二〇〕鄧洵武自守中書侍郎知隨州　按上文，大觀元年五月，鄧洵武自中書侍郎知隨州，政和六年五月，自保大軍節度使知樞密院事。本書卷三二九、東都事略卷九八本傳，鄧自知隨州至知樞密院事，其間已幾次遷除，此處不應再以舊銜加少保，疑有誤。下文宣和三年正月壬寅條「少保、知隨州鄧洵武卒。」疑亦有誤。

〔二一〕鎭江軍　按本書卷三五二本傳、宋宰輔編年錄卷一二同，但本書卷二二徽宗紀、宋會要職官一之三、十朝綱要卷一八都作「鎭西軍」。

〔二二〕江浙江淮　本書卷二二徽宗紀作「江淮荆浙」，卷四六八本傳、宋會要職官一之三、編年綱目卷二九等書都作「江浙淮南」。此處「江」字複出，當有訛誤。

〔二三〕鄭居中加少師　按本書卷二二徽宗紀、宋會要職官一之三繫此事於「九月丙寅」，此處當有脫漏。

〔二四〕劍南東川　「川」原作「州」，據本書卷四六八本傳、宋宰輔編年錄卷一二改。

〔二五〕吳敏自試給事中　「敏」下原衍「中」字，據本書卷三五二本傳、靖康要錄卷一删。

〔二六〕加特進　「特進」原作「特授」，據北盟會編卷二八、靖康要錄卷二改。

〔二七〕觀文殿學士　本書卷三五二本傳同。按北盟會編卷三五、靖康要錄卷二、宋宰輔編年錄卷一三都作「觀文殿大學士」。疑此處及本傳都脫「大」字。

〔二八〕蔡京　按上文，宣和七年四月，蔡京罷相致仕，靖康元年二月，責授中奉大夫、祕書監，分司南京，河南居住。長編紀事本末卷一三一所記同。其後蔡京連貶，此處當係誤列。

〔二九〕尚書左丞　按上文，靖康元年二月，李梲除尚書右丞，至三月並未遷轉，似以作「右丞」爲是。宋會要職官七八之三三、靖康要錄卷三正作「右丞」。

〔三〇〕二月　原作「三月」，據本書卷二三欽宗紀、靖康要錄卷二改。

〔三一〕提舉醴泉觀　「醴泉觀」下原衍「使」字，據靖康要錄卷一二、宋宰輔編年錄卷一三刪。

宋史卷二百一十三

表第四

宰輔四

公元1127

紀年	宰相進拜加官	罷免	執政進拜加官	罷免
建炎元年丁未高宗五月庚寅即位	五月甲午，李綱自資政殿大學士〔一〕、領開封府職事除正議大夫、守尚書右僕射兼中書侍郎。七月壬寅，自右僕射除銀青光祿大夫、尚書左僕射、同平章	五月壬辰，張邦昌罷權左僕射，爲太保、奉國軍節度使、同安郡王。八月丁丑，李綱罷左相，以觀文殿大學士	五月庚寅，黃潛善自徽猷閣直學士、大元帥府兵馬副元帥遷中大夫、中書侍郎。汪伯彥自顯謨閣直學士、中大夫、大元帥府兵馬副	五月癸巳，耿南仲自門下侍郎以觀文殿學士提舉杭州洞霄宮。己未，馮澥自尚書左丞以資政殿學士知

事〔三〕、御營使兼門下侍郎

同日，黃潛善自守門下侍郎除正議大夫、尙書右僕射、同平章事兼中書侍郎、御營使。

張邦昌

李綱

黃潛善

提舉杭州洞霄宮。

元帥除同知樞密院事。

己未，呂好問自試兵部尙書遷中大夫、尙書右丞。

六月癸亥，黃潛善自中大夫、中書侍郎除門下侍郎。

未幾，兼權中書侍郎。

戊寅，汪伯彥自中大夫、同知樞密院事除知樞密院事。

壬午，張慤同知樞密院事。

七月癸卯，許翰自太中大夫、提舉鴻慶宮召爲尙書右丞。

十一月乙未，張慤自通議大夫、同知樞密院事除尙

潼川府。

七月癸卯，呂好問罷尙書右丞，授資政殿學士、知宣州。

八月丙戌，許翰罷尙書右丞，以資政殿學士提舉洞霄宮。

			書左丞〔三〕，仍兼御營副使。 顏岐自工部尚書遷中大夫，除同知樞密院事。丙午，再遷尚書左丞、同知樞密院事。 同日，郭三益自試刑部尚書遷中大夫，除同知樞密院事。 十二月丙子，許景衡自試御史中丞遷中大夫，除尚書右丞。	
二年戊申	十二月己巳，黃潛善自右僕射兼中書侍郎除光祿大夫、守左僕射兼門下侍郎。		五月戊子，朱勝非自翰林學士、知制誥兼侍讀遷中大夫，除尚書右丞。 十二月己巳，盧益自試兵	五月乙酉，許景衡罷尚書右丞，以資政殿學士提舉洞霄宮。

1129

年	宰相進拜加官	宰相罷免	執政進拜加官	執政罷免
	汪伯彥自知樞密院事除正議大夫、守右僕射兼中書侍郎。 黃潛善 汪伯彥		部尚書遷太中大夫，除簽書樞密院事〔四〕。 顏岐自中大夫、尚書左丞除門下侍郎。 朱勝非自太中大夫、尚書右丞除中書侍郎。	
三年己酉	三月庚辰，朱勝非自守中書侍郎除通奉大夫〔五〕、守右僕射兼中書侍郎兼御營使。故事，命相進官三等。勝非特進五官。 四月癸丑，呂頤浩自資政殿學士、同簽書樞密院事授宣奉大夫、守右僕射兼中書侍郎。	二月己巳，黃潛善罷左相，以觀文殿大學士知江寧府。 汪伯彥罷右相，以觀文殿大學士知洪州。 四月癸丑，朱勝非罷右相，以觀文殿大學士知洪州。	正月甲申，路允迪自資政殿學士、提舉洞霄宮除簽書樞密院事。 二月丁巳，呂頤浩自資政殿學士、江浙制置使除簽書樞密院事〔六〕。三月，除知樞密院事。 己巳，葉夢得自試戶部尚書遷中大夫，除尚書左丞。	四月癸丑，路允迪罷簽書，以資政殿學士提舉醴泉觀兼侍讀。 顏岐罷門下侍郎，以資政殿大學士提舉南京鴻慶宮。 王孝迪罷中書侍郎，以端明殿學士提舉西京嵩山崇福宮。

閏八月丁亥，杜充自同知樞密院事授太中大夫、守右僕射、同平章事兼御營使。

朱勝非

呂頤浩

杜充

張澂自試御史中丞遷中大夫，除尚書右丞。

三月辛巳，盧益自中大夫、同知樞密院事除尚書左丞。

王淵自嚮德軍節度、御營使司都統制除兼都統制、簽書樞密院事。

戊子，王孝迪除中書侍郎。

丙午，李邴自翰林學士、知制誥遷端明殿學士，除同簽書樞密院事。

鄭瑴自試御史中丞遷端明殿學士，除同簽書樞密院事。

張澂罷尚書右丞〔七〕，以資政殿學士知江州。

四月壬子，張浚自尚書禮部侍郎遷通奉大夫，除知樞密院事。

癸丑，李邴自同簽書樞密院事遷中大夫，除尚書左丞〔八〕。

鄭瑴自同簽書樞密院事除簽書樞密院事。

庚申，李邴改除參知政事。

是日，罷左右丞、門下中書侍郎復爲參知政事。

五月癸未，滕康自翰林學士、知制誥遷端明殿學士，除簽書樞密院事。

七月壬寅，李邴自參知政

事除權知三省樞密院事。

杜充自端明殿學士、中大夫、東京留守召除同知樞密院事。

滕康自簽書樞密院事除權同知三省樞密院事。

周望自朝奉大夫、試兵部尚書遷端明殿學士，除同簽書樞密院事。

王綯自資政殿學士兼權太子太傅遷中大夫，除參知政事。

九月，張守自翰林學士、知制誥遷端明殿學士，除同簽書樞密院事。

			十一月，范宗尹自試御史中丞遷中大夫，除參知政事。	
四年庚戌	五月甲辰，范宗尹自中大夫、參知政事授通奉大夫、守右僕射、同平章事兼知樞密院事。 十一月癸卯，詔追封贈元祐故宰相呂大防、呂公著、范純仁。 呂頤浩 杜充 范宗尹	二月乙未，杜充罷右相，以觀文殿大學士提舉江州太平觀。 四月乙未，呂頤浩罷右相，以鎮南軍節度使、開府儀同三司充醴泉觀使。 六月丙戌，前宰相呂頤浩、朱勝非罷爲江東西、兩浙安撫大使。	五月壬子，張守自端明殿學士、同簽書樞密院事遷中大夫，除參知政事。 趙鼎自朝奉大夫、御史中丞遷端明殿學士，除簽書樞密院事。 八月辛未朔，謝克家自禮部尚書遷中大夫，除參知政事。 十月己丑，李回自端明殿學士、權同知三省樞密院事遷中大夫，除同知樞密	五月乙卯，王綯罷參知政事。 甲子，周望罷同知樞密院事及兩浙宣撫使，授提舉江州太平觀。 十一月甲辰，趙鼎罷簽書樞密院事。

年份		紹興元年 辛亥
宰相進拜		八月丁亥，秦檜自參知政事授通奉大夫、守右僕射、同平章事兼知樞密院事。 九月癸丑，呂頤浩自鎮南軍節度使、開府儀同三司、江東路安撫大使授少保、左僕射、同平章事兼知樞密院事。 范宗尹 呂頤浩 秦檜
宰相罷免		七月癸亥，范宗尹罷右相，授觀文殿學士〔九〕、提舉洞霄宮。 九月，汪伯彥復正議大夫、觀文殿學士、江東安撫大使、知池州。
執政進拜	院事。 十一月戊申，富直柔自御史中丞除簽書樞密院事。	二月辛巳，秦檜自試禮部尚書兼侍讀遷中大夫，除參知政事。 八月己卯，富直柔自端明殿學士、簽書樞密院事除同知樞密院事。 李回自中大夫、同知樞密院事除參知政事。 十月庚午，孟庾自試戶部尚書、中大夫除參知政事。
執政罷免		正月辛亥，謝克家罷參知政事，以資政殿學士提舉洞霄宮。 八月己卯，張守罷參知政事，以資政殿學士〔一〇〕提舉洞霄宮。 九月癸丑，李回罷，以資政殿學士、江南西路安撫大使兼知洪州。 十一月戊戌，富直柔罷同知樞密院事，以

				中大夫提舉臨安府洞霄宮。
1132 二年壬子	九月己丑，朱勝非自觀文殿大學士、提舉萬壽觀〔二〕兼侍讀除左宣奉大夫、右僕射、同平章事兼知樞密院事。 呂頤浩 秦檜 朱勝非	二月庚午，詔李綱爲湖廣宣撫使兼知潭州。 八月甲寅，秦檜罷右相，以觀文殿學士提舉江州太平觀。	四月庚午，翟汝文自翰林學士承旨、左中大夫、知制誥除參知政事。 元年十二月，詔文階繫銜復分左右。 五月辛酉，權邦彥自左朝議大夫、試兵部尚書遷端明殿學士，除簽書樞密院事。	六月，翟汝文由參知政事致仕。
1133 三年癸丑	七月癸酉，朱勝非以右僕射起復，仍知樞密院事。 呂頤浩 朱勝非	四月庚寅，朱勝非以母憂去位。 九月戊午，呂頤浩罷左相，以鎮南軍節度	二月辛亥，席益自工部尚書遷中大夫，除參知政事。 徐俯自翰林學士、左中大夫、知制誥遷端明殿學士，	

使、開府儀同三司提舉臨安府洞霄宮。

除簽書樞密院事。

五月丁卯，韓肖胄自太中大夫、吏部侍郎遷端明殿學士，除同簽書樞密院事。

四年甲寅

九月癸酉，趙鼎自知樞密院事除左通奉大夫、右僕射、同平章事兼知樞密院事。

朱勝非

趙鼎

九月庚午，朱勝非罷右相，聽持餘服，候服闋，除觀文殿大學士、提舉洞霄宮。

三月戊午，趙鼎自江南西路安撫大使遷中大夫，除同簽書樞密院事。

七月戊申朔，胡松年自左朝奉大夫、試吏部尚書遷端明殿學士，除簽書樞密院事。

九月甲戌，沈與求自試吏部尚書兼權翰林學士遷中大夫，除參知政事。

十一月乙未，張浚自資政

正月癸酉，韓肖胄罷同簽書樞密院事。

二月癸未，席益罷參知政事，以資政殿學士提舉江州太平觀。

三月乙丑，張浚罷知樞密院事，以資政殿大學士提舉洞霄宮。

四月丙午，徐俯罷簽書樞密院事，提舉臨安府洞霄宮。

			殿學士、左通奉大夫、提舉萬壽觀兼侍讀除知樞密院事。	
1135 五年乙卯	二月丙戌，趙鼎自右僕射、授左宣奉大夫、守左僕射、同平章事兼知樞密院、都督諸路軍馬。張浚自知樞密院事授左宣奉大夫、守右僕射、同平章事兼知樞密院事、都督諸路軍馬。趙鼎 張浚		四月己丑，孟庾自左通奉大夫、參知政事除知樞密院事，依舊兼總制司。	閏二月，胡松年罷簽書樞密院事。七月己卯，孟庾罷知樞密院事，以觀文殿學士知紹興府。
1136 六年丙辰	張浚	十二月乙巳，趙鼎罷	三月，折彥質自左朝議大	二月癸亥，沈與求罷

	趙鼎	左相，以觀文殿大學士知紹興府。	夫、試兵部尚書、諸路軍馬事都督府參謀還端明殿學士，除簽書樞密院事。 十二月辛亥，張守自資政殿學士、提舉洞霄宮，除參知政事。	參知政事，以資政殿學士知明州。 十二月丙午，折彥質罷簽書樞密院事。
七年丁巳	九月丙子，趙鼎自觀文殿大學士充萬壽觀使，授左金紫光祿大夫、守尚書左僕射兼樞密使。 張浚 趙鼎	九月壬申，張浚罷右相，以觀文殿大學士提舉江州太平觀。	正月癸未，陳與義自翰林學士除參知政事。 沈與求自資政殿學士、提舉洞霄宮召爲提舉萬壽觀兼侍讀。既至，以爲同知樞密院事。 乙酉，秦檜自觀文殿學士、醴泉觀使兼侍讀除樞密使。	

	八年戊午
	三月壬辰，秦檜自樞密使、左宣奉大夫守右僕射、同平章事兼樞密使。 秦檜 趙鼎
	十月甲戌，趙鼎罷左相，授奉國軍節度使、知紹興府。
三月戊寅，沈與求除知樞密院事。	三月庚寅，王庶自兵部尚書除樞密副使。 劉大中自禮部尚書除參知政事。 十一月甲申，孫近自翰林學士承旨除參知政事。 十二月甲戌，韓肖冑自端明殿學士除簽書樞密院事。 十二月己未，李光自吏部尚書除參知政事。
	正月戊戌，張守罷參知政事，以資政殿大學士〔三〕知婺州。 三月甲午，陳與義罷參知政事，以資政殿學士知湖州。 十月丁巳，劉大中罷參知政事，以資政殿學士知處州。 十一月甲辰，王庶罷樞密副使，以資政殿學士知潭州。

年	宰相進拜加官	罷免	執政進拜加官	罷免
1139 九年己未	秦檜	二月，張浚自提舉洞霄宮詔復資政殿大學士〔二三〕知福州。	正月丙戌，王倫除同簽書樞密院事。三月辛丑，樓炤自翰林學士承旨、知制誥除簽書樞密院事。	十二月辛酉，李光罷參知政事。
1140 十年庚申	秦檜		七月丙午，王次翁自御史中丞除參知政事。	二月，韓肖胄罷簽書樞密院事，以資政殿學士知紹興府。六月甲子，樓炤以丁父憂去。
1141 十一年辛酉	六月己亥，秦檜自右僕射加特進、左僕射，仍兼樞密使，封慶國公〔二四〕。秦檜		四月壬辰，韓世忠自揚武翊運功臣、太保、橫海武寧安化軍節度使、淮東路宣撫使除樞密使。	四月己卯，孫近罷參知政事，以資政殿學士提舉洞霄宮。八月甲戌，岳飛罷樞

張俊自安民靖難功臣、少師、鎮洮崇信奉寧軍節度、淮西路宣撫使除樞密使。

岳飛自少保、武勝定國軍節度使、湖北京西路宣撫使除樞密副使。

七月庚子，范同自翰林學士除參知政事。

十月癸巳，韓世忠罷樞密使，授太傅、橫海武寧安化軍節度使，充醴泉觀使〔二六〕。

十一月乙卯，何鑄自御史中丞遷端明殿學士，除簽書樞密院事。

密副使，依前少保、武勝定國軍節度使〔二五〕，充萬壽觀使。

十一月己亥，范同罷參知政事。

十二年壬戌	九月己巳，秦檜自少保、左僕射加太師，以徽宗梓宮及太后還，故有是命。 秦檜		七月，何鑄兼權參知政事。 八月甲戌，万俟卨自御史中丞除參知政事。 九月乙未，孟忠厚自少保、護國軍節度使、判紹興府、信安郡王除樞密使。 十月乙亥，程克俊自翰林學士遷端明殿學士，除簽書樞密院事，尋兼權參知政事。	八月，何鑄罷簽書樞密院事，以本職提舉太平觀。 十一月癸巳，張俊罷樞密使，自太傅、益國公授鎮洮崇信等節度〔七〕、醴泉觀使、清河郡王。 是月，孟忠厚罷樞密使，以少傅知建康府。
十三年癸亥	秦檜			閏四月乙卯，王次翁罷參知政事，以資政殿學士提舉洞霄宮。 六月，程克俊罷簽書，依前職提舉洞霄宮。

1144 十四年甲子	秦檜		二月，樓炤自資政殿學士、知建康府除簽書樞密院事，尋兼權參知政事。五月乙丑，李文會自御史中丞遷端明殿學士，除簽書樞密院事兼權參知政事。十二月辛丑，楊愿自御史中丞遷端明殿學士，除簽書樞密院事。	二月丙午，万俟卨罷參知政事。五月甲子，樓炤罷簽書。十二月，李文會罷簽書樞密院事。
1145 十五年乙丑	秦檜		十月，秦熺自翰林學士承旨除知樞密院事。癸未，李若谷自敷文閣直學士、樞密都承旨兼侍讀還端明殿學士，除簽書樞	十月丙子，楊愿罷簽書樞密院事。

年份	宰相進拜加官	宰相罷免	執政進拜加官	執政罷免
			密院事，尋兼權參知政事。	
1146 十六年丙寅	秦檜			
1147 十七年丁卯	秦檜		正月壬辰，李若谷自端明殿學士、簽書樞密院事除參知政事。何若自御史中丞除簽書書。樞密院事。三月己卯，段拂自翰林學士除參知政事。四月己亥，汪勃自御史中丞遷端明殿學士，除簽書樞密院事。	二月辛酉，李若谷罷參知政事。三月乙亥，何若罷簽

1148 十八年戊辰	秦檜		二月，汪勃兼權參知政事。七月丁酉，詹大方簽書樞密院事兼權參知政事。十月丙辰，余堯弼簽書樞密院事兼權參知政事。	正月乙未，段拂罷參知政事。七月丙申，汪勃罷簽書。九月，詹大方卒。
1149 十九年己巳	秦檜			
1150 二十年庚午	秦檜		二月癸未，余堯弼自簽書樞密院事除參知政事。巫伋自給事中遷端明殿學士，除簽書樞密院事。	
1151 二十一年辛未	秦檜		十一月，巫伋自簽書樞密院事兼權參知政事。	十一月庚戌，余堯弼罷參政，以資政殿學士提舉洞霄宮。

1152 二十二年壬申	秦檜		四月辛巳，章复自御史中丞遷端明殿學士，除簽書樞密院事兼權參知政事。十月甲戌，宋樸自御史中丞遷端明殿學士，除簽書樞密院事兼參知政事。	四月丙子，巫伋罷簽書。九月癸丑，章复罷簽書。
1153 二十三年癸酉	秦檜		十月壬申，史才自諫議大夫遷端明殿學士，除簽書樞密院事兼權參知政事。	十月戊辰，宋樸罷簽書，以端明殿學士提舉洞霄宮。
1154 二十四年甲戌	秦檜		六月甲午，魏師遜自御史中丞遷端明殿學士〔二〕，除簽書樞密院事兼權參知政事。十一月丁卯，施鉅自吏部	六月癸巳，史才罷簽書，以端明殿學士提舉洞霄宮。十一月乙丑，魏師遜罷簽書。

二十五年乙亥	
秦檜	
十月丙申，秦檜自太師、左僕射進封建康郡王致仕。子熺亦加少師致仕。	
六月辛巳，湯思退自禮部侍郎遷端明殿學士，除簽書樞密院事。八月丙戌，董德元自吏部尚書〔二七〕除參知政事。十月，湯思退自簽書樞密院事兼參知政事。十一月癸丑，魏良臣自敷文閣直學士召除參知政事。	侍郎除參知政事。鄭仲熊自吏部侍郎遷端明殿學士，除簽書樞密院事，尋兼權參知政事。
四月乙酉，施鉅罷參政，以資政殿學士提舉太平興國宮。六月己卯，鄭仲熊罷簽書。十二月乙酉，董德元罷參政，以資政殿學士提舉太平興國宮。	

			十二月甲午，沈該自敷文閣待制、前知夔州召除參知政事。	
二十六年丙子	五月壬寅，沈該自參知政事授左朝議大夫、守左僕射、同平章事。万俟卨自參知政事授左宣奉大夫、守右僕射、同平章事。沈該　万俟卨	正月甲子，趙鼎追復觀文殿大學士。是年冬，万俟卨進授金紫光祿大夫致仕。	三月己未，万俟卨自資政殿學士、提舉萬壽觀除參知政事。五月甲辰，湯思退自端明殿學士、簽書樞密院事進知樞密院事。六月丁丑，程克俊自端明殿學士、知明州除參知政事。八月甲午，張綱自吏部侍郎除參知政事。九月乙巳，陳誠之自敷文	正月甲子，孫近復資政殿學士。二月辛卯，魏良臣罷參政，以資政殿學士知紹興府。

			閣學士除同知樞密院事。	
二十七年丁丑	六月戊申，湯思退自知樞密院事授右通奉大夫，守右僕射、同平章事。 沈該 湯思退		二月戊午，湯鵬舉自御史中丞除參知政事。 八月乙未，湯鵬舉自參知政事除知樞密院事。 九月戊寅，陳康伯自吏部尚書除參知政事。	九月癸酉，張綱罷參知政，以資政殿學士知婺州。 十一月癸未，湯鵬舉以資政殿學士提舉洞霄宮。
二十八年戊寅	沈該 湯思退		二月丙申，陳誠之自同知樞密院事除知樞密院事。 乙巳，王綸自工部侍郎兼直學士院〔一〇〕除同知樞密院事。	
二十九年己卯	九月甲午，陳康伯右僕射。 湯思退左僕射。	六月乙酉，沈該罷左相，以觀文殿大學士	七月丁亥，賀允中自吏部侍郎〔一一〕除參知政事。	六月丁酉，陳誠之罷知樞密院事。

	三十年庚辰	三十一年辛巳
沈該 陳康伯 湯思退	湯思退 陳康伯	三月庚寅,陳康伯自右僕射授左光祿大夫,遷左僕射、同平章事。
提舉洞霄宮。	十二月乙巳朔,湯思退罷左相,以觀文殿大學士提舉太平興國宮。	十月,張浚復觀文殿大學士,判建康府。
十二月辛未,王綸自同知樞密院事除知樞密院事。	正月,葉義問自殿中侍御史除同知樞密院事〔三〕。 七月戊戌,朱倬自御史中丞除參知政事。 葉義問自同知樞密院事除知樞密院事。 周麟之自翰林學士兼侍讀除同知樞密院事。	三月壬午,楊椿自兵部尚書、兼權翰林學士除參知政事。
	六月庚午,王綸罷知院,以資政殿大學士知福州。 八月癸丑,賀允中罷參政,以資政殿學士致仕。	六月庚申,周麟之罷同知樞密院事。

	朱倬自參知政事授左通奉大夫，遷右僕射、同平章事。 湯思退〔三〕 陳康伯 朱倬		九月庚辰，黃祖舜自給事中除同知樞密院事。	
三十二年 壬午孝宗 六月丙子 即位	十二月丁卯，宰相陳康伯仍兼樞密使。 陳康伯 朱倬	六月，朱倬罷右僕射，以觀文殿學士提舉太平興國宮。	四月戊寅，汪澈自御史中丞除參知政事。 七月己巳，史浩自翰林學士、知制誥遷左中大夫，除參知政事。 十月戊子，張燾自左太中大夫、提舉太平興國宮除同知樞密院事。	十月乙巳，葉義問罷樞密院事，以資政殿學士提舉太平興國宮。

隆興元年 癸未	正月庚午，史浩自參知政事除左通奉大夫、守右僕射、同中書門下平章事兼樞密使。 七月庚寅，湯思退自觀文殿大學士、左金紫光祿大夫充醴泉觀使兼侍讀除特進、右僕射、同平章事兼樞密使，進封榮國公。 十二月丁丑，湯思退自特進、右僕射、榮國公授左僕射兼樞密使，進封慶國公。 張浚自降授特進、樞密使、魏國公授右僕射、同平章事兼樞密使，依前都督江	五月，史浩罷右僕射，以觀文殿大學士知紹興府。 十二月丁巳朔，陳康伯罷相，除少保、觀文殿大學士判信州，進封福國公。	正月庚午，張浚自少傅、觀文殿大學士充江淮東西路宣撫使，節制沿江軍馬、魏國公除樞密使。 三月癸巳，張燾自同知樞密院事遷太中大夫，除參知政事。 辛次膺自御史中丞遷左中大夫，除同知樞密院事。 五月丁未，辛次膺自同知樞密院事除參知政事。 洪遵自翰林學士承旨、知制誥兼侍讀遷左中大夫，除同知樞密院事。 六月戊辰，周葵自兵部侍	二月癸未，黃祖舜罷同知，以資政殿學士知潭州。 五月癸亥，汪澈罷參政，以資政殿大學士提舉洞霄宮。 六月戊寅，辛次膺罷參政，以資政殿學士提舉臨安府洞霄宮。

	淮東西路、建康鎮江府、江陰軍、江池州屯駐軍馬。 張浚 湯思退 陳康伯 史浩		郎兼侍講遷左太中大夫,除參知政事。	
二年甲申	十一月戊戌,陳康伯自少保、觀文殿大學士、醴泉觀使、福國公拜左僕射、同平章事兼樞密使,依前少保,進封魯國公。 張浚 陳康伯 湯思退	四月丁丑,張浚罷右僕射,授少師、保信軍節度使判福州,依前魏國公。 十一月辛卯,湯思退罷左僕射,授觀文殿大學士,提舉太平興國宮,依前特進、岐國公。	七月己巳,周葵兼權知樞密院事。 八月己酉,賀允中自資政殿大學士、左通議大夫、提舉萬壽觀除知樞密院事兼參知政事。 九月辛丑,王之望自左諫議大夫、淮西宣諭使遷左中大夫,除參知政事。	七月丁亥,洪遵罷同知,以端明殿學士〔三〕提舉太平興國宮。 閏十一月丙辰,周葵罷參政,以資政殿學士提舉臨安府洞霄宮。 乙亥,王之望罷參政,

十一月辛丑，錢端禮自兵部尙書、賜同進士出身除端明殿學士、簽書樞密院事，尋兼權參知政事。

以端明殿學士提舉太平興國宮。

十一月壬寅，虞允文自顯謨閣學士、知平江府召除端明殿學士、同簽書樞密院事，尋兼權參知政事。

十二月辛卯，錢端禮自簽書樞密院事除參知政事兼權知樞密院事。

虞允文自朝請大夫、簽書樞密院事除同知樞密院事兼權參知政事。

王剛中自禮部尙書除端

			明殿學士簽書樞密院事。	
乾道元年 乙酉	十二月戊寅，洪适自參知政事除左通奉大夫，守右僕射兼權樞密使。 陳康伯 洪适	二月戊申，陳康伯罷左僕射，授少師、觀文殿大學士、魯國公致仕。	三月庚申，虞允文自同知樞密院事除參知政事兼同知樞密院事。 王剛中自簽書樞密院事遷左中奉大夫，除同知樞密院事。 四月丙戌，洪适自翰林學士、左中奉大夫、知制誥除端明殿學士、簽書樞密院事。 八月己丑，洪适自簽書樞密院事除參知政事。 葉顒自吏部侍郎、權尚書除端明殿學士、簽書樞密	八月己丑，虞允文罷參政，以端明殿學士提舉江州太平興國宮。 丙申，錢端禮罷參政，以資政殿大學士提舉萬壽觀。

			院事。癸巳，兼權參知政事。九月甲戌，汪澈自端明殿學士除知樞密院事。十二月戊寅，汪澈自左通議大夫、知樞密院事除樞密使。庚寅，葉顒自簽書樞密院事除參知政事兼同知樞密院事。	
二年丙戌	十二月甲申，葉顒自參知政事除左通奉大夫、左僕射、同平章事兼樞密使。魏杞自參知政事除左正議大夫、右僕射、同平章事兼樞密使。	三月辛未，洪适罷右僕射，授觀文殿學士，提舉江州太平興國宮。	三月癸酉，魏杞自給事中、權吏部尙書除同知樞密院事兼權參知政事。五月庚戌，魏杞自同知樞密院事〔三〕除參知政事。八月戊子，兼同知樞密院。	四月乙未，汪澈罷樞密使，以觀文殿學士提舉臨安府洞霄宮。五月庚戌，葉顒罷參政，以資政殿學士提舉洞霄宮。

洪适 葉顒 魏杞
事。 林安宅自右諫議大夫除同知樞密院事兼權參知政事。 辛亥，蔣芾自中書舍人除端明殿學士、簽書樞密院事。八月戊子，兼權參知政事。 十二月戊寅，葉顒自資政殿學士、左中大夫提舉洞霄宮除知樞密院事。 甲申，蔣芾自端明殿學士、簽書樞密院事兼權參知政事〔二六〕遷左中大夫，除參知政事。
八月丙戌，林安宅罷同知樞密院事。

年				
			陳俊卿自左朝議大夫、試吏部尚書除同知樞密院事兼權參知政事。	
三年丁亥	葉顒 魏杞	十一月癸酉，葉顒罷左僕射，提舉太平興國宮。 魏杞罷右僕射，提舉太平興國宮。	二月辛巳，虞允文自端明殿學士、提舉太平興國宮遷左太中大夫除知樞密院事。 十一月癸酉，陳俊卿自同知樞密院事兼權參知政事除參知政事。 劉珙自翰林學士、知制誥除同知樞密院事。	
四年戊子	二月，蔣芾自參知政事除左正議大夫，守右僕射兼	七月，蔣芾以母喪去位。	二月己巳，王炎自右朝奉大夫、試兵部侍郎、賜同進	八月辛亥，劉珙以知隆興府〔三〕罷。

	樞密使。十月庚子，陳俊卿自參知政事除左正議大夫、右僕射、同平章事兼樞密使。 蔣芾 陳俊卿		士出身除端明殿學士、簽書樞密院事。七月壬戌，劉珙自同知樞密院事兼參知政事。	
五年己丑	八月己丑，陳俊卿自右僕射、同平章事兼樞密使〔二八〕。虞允文自樞密使除右僕射、同平章事兼樞密使。 陳俊卿 虞允文		二月甲寅，王炎自端明殿學士、簽書樞密院事兼權參知政事兼同知國用事、知樞密院事〔二九〕。梁克家自給事中除端明殿學士、簽書樞密院事。四月壬辰，兼參知政事。六月己酉，虞允文自資政殿大學士、知樞密院事、四	

				川宣撫使召除樞密使。	
1170	六年庚寅	陳俊卿 虞允文	五月，陳俊卿罷左僕射，除觀文殿大學士、知福州。	閏五月癸巳，梁克家自端明殿學士、簽書樞密院事除參知政事兼同知樞密院事、兼同知國用事。明年三月癸未，兼權知樞密院事。	
1171	七年辛卯	虞允文 明年二月，改僕射官名爲左右丞相。		三月己丑，張說自明州觀察使、知閤門事兼樞密副都承旨除簽書樞密院事。	
1172	八年壬辰	二月辛亥，虞允文自右僕射除左丞相、特進兼樞密使，封華國公。 梁克家自參知政事除右	九月戊寅，虞允文罷左丞相，授少師〔三〇〕、武安軍節度使，充四川宣撫使，封雍國公。	二月癸酉，王之奇自吏部侍郎、權尚書、賜同進士出身除端明殿學士、簽書樞密院事。	

	丞相兼樞密使。 梁克家 虞允文		丙寅，曾懷自戶部尚書、賜同進士出身除參知政事。	
九年癸巳	十月甲戌，曾懷自參知政事遷左宣奉大夫，除右丞相。 梁克家 曾懷	十月辛未，梁克家罷右丞相，以觀文殿大學士知建寧府。	正月乙亥，張說自安慶軍節度使、簽書樞密院事除同知樞密院事。 沈复自戶部侍郎兼侍講除端明殿學士、簽書樞密院事。 辛巳，鄭聞自權刑部尚書、兼侍讀除端明殿學士、簽書樞密院事。十月甲戌，遷左中大夫除參知政事。 十月甲戌，張說自同知樞密院事除知樞密院事。	正月辛未，王之奇罷簽書，以資政殿學士知揚州、淮南安撫使。 己丑，王炎罷樞密使，以觀文殿學士提舉臨安府洞霄宮。 十二月甲子，沈复罷同知，以資政殿學士知荊南府。

	淳熙元年 甲午
	七月壬辰，曾懷自觀文殿大學士、提舉太平興國宮遷光祿大夫，除右丞相。十一月丙午，葉衡自僉樞密使、參知政事遷通奉大夫，除右丞相。 曾懷 葉衡
	六月戊寅，曾懷罷右丞相，除觀文殿大學士、提舉太平興國宮。十一月丙午，曾懷罷右丞相，以觀文殿大學士提舉洞霄宮。
沈复自端明殿學士、簽書樞密院事遷左中大夫、同知樞密院事。十二月己丑，姚憲自御史中丞、兼侍讀除端明殿學士、簽書樞密院事。	四月己卯，姚憲自端明殿學士、簽書樞密院事遷中大夫，除參知政事。葉衡自朝散大夫、戶部尚書除端明殿學士、簽書樞密院事。六月癸未，遷中大夫，除參知政事。十月，詔僉權知樞密院事。七月丁亥，鄭聞自資政殿
	三月丙申，鄭聞以資政殿大學士、四川宣撫使罷。六月癸未，姚憲罷參政，以端明殿學士領宮觀。七月乙未，張說罷知樞密院事，以太尉提舉隆興府玉隆觀，依

			學士〔三二〕、太中大夫、四川宣撫使除參知政事。 乙未，楊倓自昭慶軍節度使、提舉佑神觀除簽書樞密院事。 十一月戊戌，龔茂良自禮部侍郎兼權吏部尚書除參知政事。 十二月丁巳，李彥穎自吏部尚書除端明殿學士簽書樞密院事。	前安慶軍節度使。 十一月，楊倓罷簽書，以昭慶軍節度使知荊南府。
1175 二年乙未	葉衡	九月乙未，葉衡罷右相，依前中奉大夫〔三三〕、知建寧府。	五月，沈复自資政殿大學士、中大夫、四川宣撫使除同知樞密院事。 閏九月丁巳，李彥穎自端	閏九月丁未，沈复以知鎮江府罷。

			明殿學士、簽書樞密院事除參知政事。王淮自翰林學士、知制誥除端明殿學士、簽書樞密院事。	
1176 三年丙申			七月，王淮自端明殿學士、簽書樞密院事遷中大夫，除同知樞密院事。趙雄自朝散郎、試禮部尚書、兼侍讀、兼給事中除端明殿學士、簽書樞密院事。	
1177 四年丁酉			五月，王淮自中大夫、同知樞密院事除參知政事。十一月庚子，趙雄自簽書	六月丁丑，龔茂良罷參政，以資政殿學士知鎮江府。

			樞密院事除同知樞密院事。	
五年戊戌	三月壬子，史浩自觀文殿大學士、充醴泉觀使、兼侍讀、永國公依前少保，授右丞相，封衛國公。 十一月丁丑，趙雄自參知政事遷正議大夫，除右丞相。 史浩 趙雄	十一月甲戌，史浩罷右相，授少傅、保寧軍節度使、充醴泉觀使、兼侍讀，依前衛國公。	四月丙寅，范成大自禮部尚書、兼直學士院遷中大夫除參知政事。 六月乙酉，錢良臣自給事中除端明殿學士、簽書樞密院事。 己未，王淮自參知政事除知樞密院事。 趙雄自同知樞密院事除參知政事。 十一月丁丑，王淮自知樞密院事遷太中大夫，除樞密使。	三月，李彥穎罷參政，以資政殿學士知紹興府。 六月甲戌，范成大罷參政，以資政殿學士知婺州。

年	宰相進拜加官	罷免	執政進拜加官	罷免
			乙亥，錢良臣自簽書除參知政事。	
1179 六年己亥	趙雄			
1180 七年庚子	趙雄		五月戊辰，周必大自吏部尚書除參知政事。謝廓然自刑部尚書除端明殿學士、簽書樞密院事。	
1181 八年辛丑	八月，王淮自樞密使、信國公除光祿大夫、右丞相兼樞密使，封福國公。趙雄 王淮	八月，趙雄罷右丞相，除觀文殿大學士、四川安撫制置使兼知成都府。	八月甲寅，謝廓然自權參知政事除同知樞密院事。九月，兼權參知政事。	九月庚寅，錢良臣以資政殿學士與在外宮觀罷。
1182 九年壬寅	王淮		六月丁巳，周必大自參知政事除知樞密院事。	六月丁巳，謝廓然自同知樞密院致仕。

			十二月丁丑，施師點自朝請大夫、給事中除端明殿學士、簽書樞密院事。明年正月丙戌，兼權參知政事。	
1183 十年癸卯	王淮		八月戊申，施師點自端明殿學士、簽書樞密院事兼權參知政事遷中大夫，除參知政事兼同知樞密院事。黃洽自御史中丞、兼侍講遷中大夫，除參知政事。	
1184 十一年甲辰	王淮		六月庚申，周必大自知樞密院事進樞密使。	

年	宰相	宰相進拜加官	宰相罷免	執政進拜加官	執政罷免
1185 十二年乙巳	王淮				
1186 十三年丙午	王淮		十一月丙寅，梁克家罷右丞相，授觀文殿大學士、充醴泉觀使、兼侍讀，依前特進、鄭國公。	閏七月戊申，留正自敷文閣學士除端明殿學士、簽書樞密院事。	
1187 十四年丁未	王淮 周必大	二月丁亥，周必大自樞密使遷光祿大夫，除右丞相。		二月戊子，施師點自參知政事除知樞密院事。 八月癸未，留正自簽書樞密院事除參知政事兼同知樞密院事。	
1188 十五年戊申	王淮 周必大		五月己亥，王淮罷左丞相，除觀文殿大學		

		士判衢州，依前特進、魯國公。		
十六年己酉二月壬戌光宗即位	正月己亥，周必大自右丞相、濟國公除特進、左丞相，封許國公。留正自參知政事兼同知樞密院事遷通奉大夫，除右丞相。留正 周必大	三月甲寅，前宰相史浩自太傅、保寧軍節度使致仕、魏國公授太師，依前官致仕。五月丙申，周必大罷左丞相，以觀文殿大學士判潭州。	正月己亥，王藺自禮部尚書除參知政事。葛邲自刑部尚書除同知樞密院事。五月甲午，王藺自參知政事除知樞密院事兼參知政事。	正月丙申，黃洽罷知樞密院事，以資政殿大學士知隆興府。乙巳，蕭燧罷參知政事，除資政殿學士、提舉臨安府洞霄宮。

紹熙元年庚戌	七月乙卯，留正自宣奉大夫、右丞相遷金紫光祿大夫，除左丞相。留正		七月甲寅，葛邲自宣奉大夫、同知樞密院事除參知政事。王藺自知樞密院事除樞	

	1191	1192
	二年辛亥	三年壬子
	留正	留正
密使。胡晉臣自太中大夫、給事中、兼侍講除端明殿學士、簽書樞密院事。十二月丁亥，胡晉臣自端明殿學士、簽書樞密院事除參知政事兼同知樞密院事。葛邲自參知政事除知樞密院事。		六月辛丑，陳騤自禮部尚書除同知樞密院事。

1193 四年癸丑	三月辛巳，葛邲自光祿大夫、知樞密院事遷特進，除右丞相。 留正 葛邲		三月辛巳，陳騤自同知樞密院事除參知政事。胡晉臣自參知政事除知樞密院事。趙汝愚自吏部尚書除同知樞密院事。十月壬午，趙汝愚自中大夫、同知樞密院事除知樞密院事，仍進封開國公。五年七月己巳，兼參知政事。余端禮自通議大夫、吏部尚書除同知樞密院事。	
1194 五年甲寅 寧宗七月甲子卽位	八月丙辰，趙汝愚自樞密使除右丞相。 留正	正月，葛邲罷右相，授觀文殿大學士，依前特進、判建康府。	七月丙午，余端禮自同知樞密院事除參知政事兼同知樞密院事。癸未，免兼。	十二月己巳，陳騤罷知樞密院事。

葛邲
趙汝愚

八月丙辰，留正罷左相。

陳騤自參知政事除知樞密院事。八月丙申，兼參知政事。
七月癸未，趙汝愚自知樞密院事除樞密使。
甲申，羅點自兵部尚書除端明殿學士、簽書樞密院事。
九月壬申，京鏜自刑部尚書除端明殿學士、簽書樞密院事。
十二月庚午，京鏜自簽書樞密院事除參知政事。
鄭僑自吏部尚書除同知樞密院事。

年	宰相進拜加官	宰相罷免	執政進拜加官	執政罷免
			余端禮自參知政事除知樞密院事。明年二月戊寅，兼參知政事。	
1195 慶元元年乙卯	四月己未，余端禮自知樞密院事遷銀青光祿大夫，除右丞相。 趙汝愚 余端禮	二月戊寅，趙汝愚罷右丞相，除觀文殿大學士，依前銀青光祿大夫、知福州。	四月己未，鄭僑自宣奉大夫、同知樞密院事除參知政事。 京鏜自太中大夫、參知政事除知樞密院事。 謝深甫自中奉大夫、試御史中丞、兼侍讀除端明殿學士、簽書樞密院事。	
1196 二年丙辰	正月庚寅，余端禮自右丞相遷特進，除左丞相。 京鏜自知樞密院事遷正議大夫，除右丞相。	四月甲子，余端禮罷左丞相，以觀文殿大學士判隆興府。	正月庚寅，鄭僑自參知政事除知樞密院事。 謝深甫自簽書樞密院事除參知政事。三年正月癸	

	余端禮 京鏜		卯，兼知樞密院事。 何澹自御史中丞除同知樞密院事。四月壬申，除參知政事。 同日，葉翥自吏部尙書除端明殿學士、簽書樞密院事。	
1197 三年丁巳	京鏜			正月壬寅，鄭僑罷知樞密院事，以資政殿大學士知福州。
1198 四年戊午	京鏜		正月丙寅，葉翥同知樞密院事。 八月丙子，謝深甫自參知政事除知樞密院事兼參	

年	宰相進拜加官	罷免	執政進拜加官	罷免
			知政事。許及之自吏部尚書除同知樞密院事。	
1199 五年己未	京鏜			
1200 六年庚申	閏二月庚寅，京鏜自右丞相拜少傅、左丞相，封冀國公。謝深甫自知樞密院事遷金紫光祿大夫，除右丞相。謝深甫 京鏜	八月丁酉，少傅、左丞相京鏜薨。	閏二月庚寅，何澹自參知政事除知樞密院事兼參知政事。七月丁卯，陳自強自御史中丞除端明殿學士、簽書樞密院事。	
1201 嘉泰元年辛酉	謝深甫		七月甲子，陳自強自簽書樞密院事除參知政事兼同知樞密院事。	七月乙卯，何澹罷知樞密院事。八月甲申，張釜罷簽

1202 二年壬戌	謝深甫		張釜自禮部尙書除端明殿學士、簽書樞密院事。 八月甲申，程松自諫議大夫除同知樞密院事。 張巖自給事中除參知政事。 八月丙子，袁說友自吏部尙書除同知樞密院事。 十一月庚戌，許及之參知政事。 陳自強自參知政事除知樞密院事。明年正月丙申，兼參知政事。	書樞密院事。 七月己巳，同知樞密院事程松以父喪去官。
1203 三年癸亥	五月戊寅，陳自強自知樞密院事除右丞相。	正月己卯，謝深甫罷右丞相，授觀文殿學	正月戊戌，袁說友自同知樞密院事除參知政事。	正月甲午，張巖罷參知政事，以資政殿學

謝深甫
陳自強

士判建康府。

傅伯壽自翰林學士除端明殿學士、簽書樞密院事。

士知平江府。九月庚午，袁說友罷參知政事。

二月乙巳，費士寅除端明殿學士、簽書樞密院事。

五月戊寅，許及之自參知政事除樞密院兼參知政事〔三〕。

十月癸卯，費士寅自簽書樞密院事除參知政事。四年四月丙午，兼知樞密院事。

張孝伯自華文閣學士、知鎮江府召除同知樞密院事。

1204	四年甲子	陳自強		四月丙午，張孝伯自同知樞密院事兼參知政事。八月罷。錢象祖自吏部尚書除同知樞密院事。十月庚子，張巖自資政殿學士、知揚州詔除參知政事。開禧二年三月乙巳，兼知樞密院事。	四月甲辰，許及之罷知樞密院事。
1205	開禧元年乙丑	七月辛酉，韓侂冑自太師、永興軍節度使、充萬壽觀使、平原郡王拜平章軍國事。 陳自強 韓侂冑		四月戊子，劉德秀自吏部尚書除端明殿學士、簽書樞密院事。戊戌，錢象祖自同知樞密院事除參知政事兼知樞密院事〔三四〕。明年三月乙	三月癸未，費士寅罷知興元府。九月丁亥，劉德秀罷簽書。

			已，罷。	
二年丙寅	陳自強 韓侂胄	四月，故太師秦檜特追王爵，降充銀青光祿大夫、衞國公。	七月癸卯，李壁自禮部尚書除參知政事。 張巖自光祿大夫、參知政事除知樞密院事。明年九月丙申，罷。 十一月甲申，丘崈自端明殿學士兼江、淮宣撫使除簽書樞密院事，仍督江、淮軍馬。明年正月辛卯，罷。	
三年丁卯	十二月辛酉，錢象祖自參知政事授正奉大夫、兼國用使除右丞相兼樞密使。 陳自強 韓侂胄	十一月甲戌，韓侂胄罷平章軍國事。 陳自強罷右丞相。	四月戊辰，錢象祖自資政殿學士、提舉萬壽觀、兼侍讀除參知政事。十一月甲戌，兼知樞密院事。 十一月丙戌，衞涇自中奉	十一月甲戌，李壁罷參知政事。

1206 1207

1208

錢象祖

大夫、試御史中丞除端明殿學士、簽書樞密院事。丁亥，兼權參知政事。十二月壬戌，衞涇自簽書樞密院事，雷孝友自御史中丞，並除參知政事。史彌遠自禮部尚書除同知樞密院事。林大中自吏部尚書除端明殿學士、簽書樞密院事。

嘉定元年戊辰

十月丙子，錢象祖自右丞相除特進、左丞相兼樞密使、兼太子賓客。史彌遠自知樞密院事除通奉大夫、右丞相兼樞密

十一月戊子，右丞相史彌遠丁母憂。十二月丙寅，錢象祖罷相，以觀文殿大學士判福州。

正月壬辰，史彌遠自同知樞密院事除知樞密院事。六月辛卯，兼參知政事。七月癸丑，丘崈同知樞密院事。

六月乙亥，衞涇罷參政，以資政殿學士知潭州。

	使、兼太子少傅。 錢象祖 史彌遠		八月辛巳，婁機自禮部尚書除同知樞密院事、兼太子賓客。十月丙子，參知政事。 樓鑰自吏部尚書除端明殿學士、簽書樞密院事、兼太子賓客。十月丙子，進同知樞密院事。 十月丙子，雷孝友自參知政事除知樞密院事兼參知政事。	
1209 二年己巳	五月丙申，史彌遠起復，拜右丞相兼樞密使、兼太子少師。 史彌遠		正月丁巳，樓鑰自同知樞密院事除參知政事。 章良能自御史中丞遷中大夫，除同知樞密院事。	

			宇文紹節自通議大夫、試吏部尚書除端明殿學士、簽書樞密院事，仍兼太子賓客。	
1210 三年庚午	史彌遠			十二月戊午，婁機罷參政，以資政殿學士知福州。
1211 四年辛未	史彌遠			
1212 五年壬申	史彌遠			
1213 六年癸酉	史彌遠		四月丙子，章良能自同知樞密院事除參知政事。	
1214 七年甲戌	史彌遠		七月甲子，鄭昭先自朝奉大夫、試左諫議大夫遷端明殿學士，除簽書樞密院	

				事兼權參知政事、兼太子賓客。	
1215	八年乙亥	史彌遠		七月辛酉，鄭昭先自簽書樞密院事除參知政事。曾從龍自正議大夫守禮部尚書，除端明殿學士、簽書樞密院事、兼太子賓客。	
1216	九年丙子	史彌遠			
1217	十年丁丑	史彌遠			
1218	十一年戊寅	史彌遠			
1219	十二年己卯	史彌遠		二月庚戌，曾從龍自簽書樞密院事進同知樞密院事兼江、淮宣撫使。	

1220 十三年庚辰	1221 十四年辛巳	
	史彌遠	
	八月乙丑，追封史浩爲越王。	
任希夷自權吏部尚書除簽書樞密院事。三月己巳，鄭昭先自參知政事除知樞密院事。曾從龍自同知樞密院事除參知政事。四月癸巳，鄭昭先兼參知政事。	七月丙午，任希夷自知樞密院事兼參知政事。	八月壬戌，宣繒自兵部尚書除同知樞密院事。俞應符自給事中除簽書樞密院事。
		八月乙卯，任希夷罷知樞密院事及兼參知政事。

			閏十二月辛巳朔，宣繒兼參知政事。俞應符兼權參知政事。	
1222 十五年壬午	史彌遠		九月辛亥，宣繒自同知樞密院事除參知政事。程卓自給事中除同知樞密院事。薛極自吏部尚書、賜出身除簽書樞密院事。	六月辛卯，簽書樞密院事俞應符卒。
1223 十六年癸未	史彌遠			六月丁酉，同知樞密院事程卓卒。
1224 十七年甲申閏八月丁酉理宗卽位	史彌遠		十二月戊子，葛洪除端明殿學士、同簽書樞密院事。	

校勘記

〔一〕資政殿大學士　「大」字原脫，據本書卷三五八本傳、李綱建炎時政記卷上補。

〔二〕同平章事　據本書卷一六一職官志，左右僕射加同平章事始於建炎三年，是時未有此制。本書卷二四高宗紀、中興聖政卷二都不載，四字當是衍文。下文黄潛善除「尚書右僕射、同平章事」句同。

〔三〕尚書左丞　「左」原作「右」，據本書卷三六三本傳、繫年要錄卷一〇改。

〔四〕簽書樞密院事　按本書卷二五高宗紀、繫年要錄卷一八都作「同知樞密院事」，「簽書」當是「同知」之誤。

〔五〕通奉大夫　按本書卷三六二本傳、繫年要錄卷二一都作「宣奉大夫」。考異卷七四：「勝非任中書侍郎日，官已至太中大夫矣。由太中而上，則有通議、通奉、正議、正奉、宣奉五等，此云進五官，當是宣奉大夫，非通奉也。」

〔六〕簽書樞密院事　按本書卷二五高宗紀、繫年要錄卷二一都作「同簽書樞密院事」，此處「簽」上蓋脫「同」字。

〔七〕尚書右丞　「右」原作「左」，據上文同年「二月」條、繫年要錄卷二二改。

〔八〕尚書左丞　周必大周益國文忠公集卷七〇李邴神道碑、宋宰輔編年錄卷一四同，但本書卷三七五本傳、繫年要錄卷二一都作「尚書右丞」。

〔九〕觀文殿學士　「殿」下原衍「大」字。按本書卷二六高宗紀、繫年要錄卷四六都無「大」字，本書卷一六二職官志「觀文殿大學士」條說：「曾爲宰相而不爲大學士者，自紹興元年范宗尹始。」則范爲相時實只充學士，此處不應有「大」字，據刪。

〔一〇〕資政殿學士　「殿」下原衍「大」字。據本書卷三七五本傳、繫年要錄卷四六刪。

〔一一〕觀文殿大學士提舉萬壽觀　按繫年要錄卷五八、宋宰輔編年錄卷一五都作「觀文殿學士」，此處「大」字當係衍文。又「萬壽觀」，繫年要錄卷五八、中興聖政卷一二都作「醴泉觀」。

〔一二〕資政殿大學士　「殿」下原脫「大」字，據本書卷三七五本傳、繫年要錄卷一一八補。參考張守毘陵集卷四辭免除資政殿大學士轉兩官加食邑知婺州箚子。

〔一三〕資政殿大學士　「殿」下原脫「大」字，據本書卷三六一本傳、繫年要錄卷一二六、楊萬里誠齋集卷一一五張魏公傳補。

〔一四〕加特進左僕射仍兼樞密使封慶國公　「左僕射」原置「慶國公」下，據本書卷二九高宗紀、繫年要錄卷一四〇乙正。

〔一五〕武勝定國軍節度使　「武勝」原作「武安」，據上文同年「四月壬辰」條、繫年要錄卷一四一改。

〔二六〕十月癸巳韓世忠罷樞密使授太傅橫海武寧安化軍節度使充醴泉觀使　本條記韓世忠罷使事，應移至罷免欄「十一月己亥」條前方合。

〔二七〕自太傅益國公授鎮洮崇信等節度　「益國」原作「慶國」，據繫年要錄卷一四七、中興聖政卷二八改。按兩書和本書卷三六九本傳，所授節度使都作「鎮洮、寧武、奉寧」，沒有「崇信」。

〔二八〕端明殿學士　「殿」下原衍「大」字，據繫年要錄卷一六六、宋宰輔編年錄卷一六刪。下文「史才罷簽書」條同。

〔二九〕吏部尚書　按本書卷三一高宗紀、繫年要錄卷一六九作「吏部侍郎」；宋宰輔編年錄卷一六作「禮部尚書」。疑作「吏部侍郎」是。

〔三〇〕兼直學士院　「直」字原脫，據本書卷三七二本傳、繫年要錄卷一七九補。

〔三一〕吏部侍郎　按中興小紀卷三八、韓元吉南澗甲乙稿卷二〇賀允中墓誌銘都作「吏部尚書」，本書卷三一高宗紀、繫年要錄卷一八三作「權吏部尚書」。疑當以後者爲是。

〔三二〕葉義問自殿中侍御史除同知樞密院事　按本書卷三八四本傳，葉除同知樞密院事時，已自殿中侍御史遷吏部侍郎，此處不應仍書舊銜。本書卷三一高宗紀、繫年要錄卷一八四都作「以吏部侍郎除同知樞密院事」，是。此誤。

〔三三〕湯思退　按上文，湯思退已於紹興三十年十二月罷相，此處不應複出，當誤。

〔二四〕端明殿學士　「殿」下原衍「大」字，據本書卷三七三本傳、宋宰輔編年錄卷一七刪。

〔二五〕同知樞密院事　「同知」二字原脫，據本書卷三三孝宗紀、卷三八五本傳補。

〔二六〕兼權參知政事　「權」字原脫，據上文同年「五月辛亥」條、本書卷三三孝宗紀補。

〔二七〕隆興府　「隆興」二字原倒，據本書卷三八六本傳、宋會要職官七八之五一乙正。

〔二八〕自右僕射同平章事兼樞密使　按上文陳俊卿已於乾道四年除右僕射、同平章事兼樞密使，此處不應複出。本書卷三四孝宗紀說陳於此時爲左僕射、同中書門下平章事兼樞密使，中興聖政卷四七以陳俊卿爲左僕射，年月同。此處「右僕射」下當脫「除左僕射」四字。

〔二九〕兼同知國用事知樞密院事　按本書卷三四孝宗紀、宋宰輔編年錄卷一七，本句「兼」上當有「除參知政事」五字，「知樞密院」上當有一「同」字。

〔三〇〕少師　據本書卷三八三本傳、宋會要職官一之六，「師」字當爲「保」字之誤。

〔三一〕資政殿學士　宋宰輔編年錄卷一八同。按鄭聞於淳熙元年三月爲資政殿大學士，見本表和本書卷三四孝宗紀，至七月除參知政事，中間未見遷除，似以作「大學士」爲是。

〔三二〕中奉大夫　按本書卷一六九職官志，紹興以後中奉大夫係卿監階官，非宰執所當遷轉；上文淳熙元年「十一月丙午」條作「通奉大夫」，是，此處「中奉」乃「通奉」之誤。

〔三三〕許及之自參知政事除樞密院兼參知政事　按本書卷三八寧宗紀：嘉泰三年五月戊寅，「許及之知樞密院事，仍兼參知政事。」宋宰輔編年錄卷二〇同，此處「除」下脱一「知」字。

〔言〕錢象祖自同知樞密院事除參知政事兼知樞密院事　按本書卷三八寧宗紀，開禧元年四月，「以錢象祖參知政事兼同知樞密院事」。兩朝綱目卷八同，此處「兼」下脱一「同」字。

宋史卷二百一十四

表第五

宰輔五

公元1225

紀年	宰相進拜加官	罷免	執政進拜加官	罷免
寶慶元年乙酉	史彌遠		四月己未，薛極端明殿學士、正議大夫、簽書樞密院事。十一月癸亥，宣繒自參知政事除同知樞密院事。薛極自簽書樞密院事除	

			參知政事。葛洪自同簽書樞密院事進簽書樞密院事。	
1226 二年丙戌	史彌遠			
1227 三年丁亥	三月丙寅，史彌遠少師、右丞相兼樞密使，提舉編修玉牒、提舉編修國朝會要、提舉國史實錄院、提舉編修敕令，封魯國公。史彌遠	九月癸未，故少保、觀文殿大學士、魏國公致仕、贈太師留正定謚忠宣。	正月乙亥，宣繒特轉正奉大夫、參知政事兼同知樞密院事，權監修國史日曆、同提舉編修敕令。薛極特轉宣奉大夫、參知政事、同提舉編修敕令。葛洪端明殿學士，特轉中奉大夫、簽書樞密院事。	
1228 紹定元年戊子	史彌遠		六月戊申，薛極自參知政事兼同知樞密院事〔一〕。	

			十二月辛亥，薛極進知樞密院事兼參知政事。葛洪自簽書樞密院事除參知政事。袁韶除同知樞密院事。鄭清之端明殿學士、除簽書樞密院事〔二〕。	
1229 二年己丑	史彌遠			
1230 三年庚寅	九月己酉，史彌遠少師、右丞相兼樞密使、魯國公，加食邑實封。史彌遠		十二月甲子，袁韶自同知樞密院事除兩浙西路安撫制置使兼知臨安府。庚辰，免制置使，依舊同知樞密院事。乙丑，鄭清之除參知政事兼簽書樞密院事。	

年	宰相	宰相進拜加官	宰相罷免	執政進拜加官	執政罷免
				喬行簡除端明殿學士、同簽書樞密院事。	
1231 四年辛卯	史彌遠		十月丙辰，宰執以火延太廟，五奏乞鐫罷。詔史彌遠特降奉化郡公〔三〕。	四月丁丑，鄭清之除兼同知樞密院事。喬行簡依舊端明殿學士，除簽書樞密院事。	十月丙辰，以火延太廟故，薛極、鄭清之、喬行簡詔各降一官。
1232 五年壬辰	史彌遠			五月己丑，薛極、鄭清之、喬行簡並復元官。七月丁酉，陳貴誼自禮部尚書除端明殿學士、同簽書樞密院事。	
1233 六年癸巳		十月丙戌，史彌遠特授太師、左丞相，仍兼樞密使、魯國公，加封邑。	十月丁亥，史彌遠自太師、左丞相兼樞密使、魯國公除保寧昭	十月丁亥，薛極自金紫光祿大夫、知樞密院事進樞密使。	十二月庚辰，薛極以觀文殿大學士知紹興府。

	鄭清之特授光祿大夫、右丞相兼樞密使，加封邑。 史彌遠 鄭清之	信軍節度使，充醴泉觀使，進封會稽郡王。壬辰，致仕。乙未，薨。	喬行簡自簽書樞密院事除參知政事兼同知樞密院事。 陳貴誼自同簽書樞密院事除參知政事兼簽書樞密院事。	
端平元年 甲午	鄭清之		六月戊寅，喬行簡自參知政事兼同知樞密院事除知樞密院事。 曾從龍自資政殿大學士除參知政事。 鄭性之自太中大夫兼侍讀除端明殿學士、簽書樞密院事。 陳貴誼自兼簽書樞密院	四月辛卯，薛極少保、依舊觀文殿大學士、和國公致仕。五月庚子，贈少師，乙巳，卒。 十月丙戌，陳貴誼自參知政事兼同知樞密院事，乞守本官致仕。庚寅，特贈少保、資政殿大學士。癸巳，卒。

1235

事進同知樞密院事。

二年乙未

六月戊寅，鄭清之自光祿大夫、右丞相兼樞密使除左丞相。喬行簡自宣奉大夫、知樞密院事兼參知政事除右丞相。

鄭清之

喬行簡

三月乙巳，曾從龍自參知政事兼同知樞密院事。眞德秀自翰林學士除參知政事。陳卓自正議大夫、守吏部尚書除端明殿學士、同簽書樞密院事。六月壬午，曾從龍除知樞密院事兼參知政事。崔與之自端明殿學士、太中大夫、廣南東路經略安撫使馬步軍都總管兼知廣州召除參知政事。鄭性之除同知樞密院事。

四月辛卯，眞德秀除資政殿學士、在京宮觀、兼侍讀。五月己亥，特轉一官，守資政殿學士、提舉佑神觀、兼侍讀致仕。甲辰，卒，特贈銀青光祿大夫。六月己卯，葛洪除資政殿大學士、通議大夫、提舉臨安府洞霄宮。十二月，魏了翁自同簽書樞密院事、督視京湖軍馬除簽書樞

陳卓依舊端明殿學士，除簽書樞密院事。

十一月乙丑，曾從龍除樞密使，督視江、淮軍馬。

魏了翁除端明殿學士、同簽書樞密院事，督視京、湖軍馬。

密院事，力辭，改資政殿學士、湖南安撫使。

三年丙申

九月乙亥，崔與之自參知政事特轉正議大夫，除右丞相、兼樞密使。

十一月，喬行簡自觀文殿大學士、醴泉觀使兼侍讀授特進、左丞相兼樞密使，進封肅國公，加封邑。

鄭清之

九月乙亥，鄭清之罷左丞相兼樞密使，除觀文殿大學士、醴泉觀使兼侍讀。

喬行簡罷右丞相兼樞密使，除觀文殿大學士、醴泉觀使兼侍讀。

七月丁卯，鄭性之自太中大夫、同知樞密院事兼權參知政事除參知政事。

李鳴復自權刑部尚書除端明殿學士、簽書樞密院事。

九月乙亥，鄭性之兼同知樞密院事。

九月癸亥，宣繒自資政殿大學士、光祿大夫、提舉臨安府洞霄宮除觀文殿大學士，致仕。

	喬行簡 崔與之	十二月癸卯，特進鄭清之仍舊觀文殿大學士、提舉臨安府洞霄宮。	李鳴復兼參知政事。	
嘉熙元年 丁酉	喬行簡 崔與之		二月癸未，鄭性之自參知政事兼同知樞密院事除知樞密院事兼參知政事。 鄒應龍除端明殿學士、簽書樞密院事兼參知政事。 李宗勉除端明殿學士、同簽書樞密院事。 八月癸巳，李鳴復自兼參知政事除參知政事。 李宗勉自同簽書樞密院事除簽書樞密院事。	

1238

二年戊戌

喬行簡

崔與之

正月戊申，余天錫自少中大夫〔四〕、試吏部尚書除端明殿學士、同簽書樞密院事。

辛酉，史嵩之自通奉大夫、京西荆湖南北路安撫制置使除端明殿學士，依舊京湖安撫制置使兼沿江制置副使兼知鄂州，恩例並同執政。

五月癸未，李鳴復自參知政事除知樞密院事。

李宗勉自簽書樞密院事除參知政事。

余天錫自同簽書樞密院

			事依舊端明殿學士除簽書樞密院事。七月庚辰，趙以夫自朝奉大夫、右文殿修撰、樞密都承旨除沿海制置副使兼知慶元府、宣奉大夫、同知樞密院事。	
三年己亥	正月，喬行簡自特進、左丞相、兼樞密使加少傅、平章軍國重事。李宗勉自參知政事除左丞相。史嵩之自京、湖安撫制置使除右丞相。喬行簡	六月庚子，崔與之力辭相位，詔依前官，特授觀文殿大學士，致仕。	正月，余天錫自簽書樞密院事除參知政事。游侶除端明殿學士、同簽書樞密院事〔五〕。二月壬寅，余天錫兼同知樞密院事。八月戊戌，游侶自同簽書樞密院事除參知政事。	十月庚申，許應龍罷簽書樞密院事。林略罷同簽書樞密院事。

	崔與之 李宗勉 史嵩之		許應龍自中大夫、試禮部尚書除端明殿學士、簽書樞密院事。 林略自試右諫議大夫除端明殿學士、同簽書樞密院事。 十一月丙子，范鍾除端明殿學士、簽書樞密院事。
四年庚子	喬行簡 李宗勉 史嵩之	九月癸亥，喬行簡自少傅、平章軍國重事特授少師、保寧軍節度使、醴泉觀使，進封魯國公，加封邑，奉祠。 閏十二月丙寅，左丞相李宗勉薨。	閏十二月丙寅，游侶自中大夫、參知政事除知樞密院事、兼參知政事。 范鍾自中大夫、簽書樞密院事除參知政事。 徐榮叟自朝奉大夫、權禮部尚書除端明殿學士、簽

	淳祐元年辛丑	二年壬寅
	史嵩之	史嵩之
	二月壬午，少師、魯國公喬行簡薨。	
書樞密院事。		二月甲戌，范鍾自參知政事除知樞密院事兼參知政事。
	三月己酉，趙以夫自宣奉大夫、同知樞密院事乞祠不允，依舊集英殿修撰，差知建寧府。 十二月庚申，資政殿大學士、通議大夫、知慶元府余天錫乞守本官致仕，除觀文殿學士，特轉兩官致仕，丁卯卒。	二月，游侶出帥浙東，尋奉祠。 六月癸亥，徐榮叟除

徐榮叟自簽書樞密院事除參知政事。

趙葵賜出身、同知樞密院事。

別之傑除簽書樞密院事。

五月己酉，趙葵自同知樞密院事除資政殿大學士、知潭州、湖南安撫使。

六月丙寅，別之傑自簽書樞密院事除同知樞密院事兼權參知政事。

高定子除端明殿學士、簽書樞密院事。

杜範除端明殿學士、同簽書樞密院事。

資政殿大學士、提舉臨安府洞霄宮。

十二月丙寅，別之傑自同知樞密院事兼權參知政事除資政殿學士、湖南安撫大使兼知潭州。

趙葵自同知樞密院事依舊資政殿大學士，除福建安撫使、知福州。

1243 三年癸卯	史嵩之		正月戊寅，高定子自簽書樞密院事除兼參知政事。	八月庚午，林略自端明殿學士、提舉臨安府洞霄宮除資政殿學士致仕。
1244 四年甲辰	九月癸卯，以右丞相史嵩之在告，詔知樞密院事范鍾、簽書樞密院事劉伯正輪日當筆。丙午，史嵩之依前官起復，加永國公。十二月庚午，范鍾自通議大夫、知樞密院事、兼參知政事授正奉大夫，除左丞相兼樞密使。杜範自資政殿學士、中大	九月癸卯，右丞相史嵩之以父彌忠病給告歸慶元府，未幾，彌忠卒，去位。	正月壬寅，李鳴復自知樞密院事除參知政事。杜範自同簽書樞密院事進同知樞密院事。劉伯正自中大夫、刑部尙書除端明殿學士、簽書樞密院事，己未，兼權參知政事。三月己未，金淵除端明殿學士、簽書樞密院事。十二月庚午，游佀自資政	正月丁巳，參知政事李鳴復依舊資政殿大學士、知福州、福建路安撫使。杜範自同知樞密院事除資政殿學士、知婺州。

年	宰相進拜加官	宰相罷免	執政進拜加官	執政罷免
	夫、提舉萬壽觀兼侍讀授通奉大夫、右丞相兼樞密使。 史嵩之 范鍾 杜範		殿大學士、通議大夫、提舉萬壽觀除知樞密院事兼參知政事。 劉伯正自知樞密院事兼參知政事〔六〕除參知政事兼簽書樞密院事。 甲戌，趙葵自資政殿大學士、通奉大夫除同知樞密院事。	
五年乙巳	三月己卯，范鍾左丞相兼樞密使，加封邑。 杜範右丞相兼樞密使，加封邑。 十二月己卯，游侶自知樞密院事兼參知政事授宣	四月丙戌，右丞相杜範薨。 十二月己卯，鄭清之自少傅、觀文殿大學士充醴泉觀使兼侍讀、越國公特授少師、	正月乙卯，李性傳自太中大夫、權禮部尚書除端明殿學士、簽書樞密院事兼權參知政事。 十一月乙卯，陳韡除端明殿學士、同簽書樞密院事。	正月乙卯，劉伯正罷參知政事。 十二月癸未，李性傳除職予郡。

	奉大夫，除右丞相兼樞密使，加封邑。 史嵩之 范鍾 游佀	奉國軍節度使，依前醴泉觀使兼侍讀、越國公，仍加封邑。	十二月己卯，趙葵自通奉大夫、同知樞密院事除知樞密院事兼參知政事。 李性傳自端明殿學士、簽書樞密院事除同知樞密院。 陳韡自端明殿學士、同簽書樞密院事除兼參知政事。	
六年丙午	史嵩之 范鍾 游佀	二月戊辰，左丞相范鍾再乞歸田里，詔除觀文殿大學士、醴泉觀使兼侍讀。 十二月乙未，右丞相史嵩之守本官致仕。	六月壬子，陳韡自同知樞密院事除參知政事兼同知樞密院事。	閏四月乙未，徐榮叟卒。

七年丁未	四月辛丑，鄭清之自少師、奉國軍節度使充醴泉觀使、兼侍讀、越國公特授太傅、右丞相兼樞密使，依前越國公，加封邑。 鄭清之 游佀	四月辛丑，游佀罷右相，除觀文殿大學士、醴泉觀使兼侍讀，封邑如故。五月戊寅，再辭，免官，特許歸田。	四月辛丑，王伯大自通奉大夫、守刑部尙書除端明殿學士、簽書樞密院事。吳潛自翰林學士除端明殿學士、同簽書樞密院事。辛丑，趙葵自知樞密院事兼參知政事特授樞密使兼參知政事，督視江淮京西湖北軍馬。陳韡自兼同知樞密院事除知樞密院事、湖南安撫大使〔七〕兼知潭州。五月丁巳，王伯大自簽書樞密院事除兼參知政事。壬申，吳潛自同簽書樞密	三月戊辰，李韶依舊端明殿學士、提舉萬壽宮、兼侍讀。七月乙丑，吳潛罷同簽書樞密院事，丁丑，依舊端明殿學士、知福州、福建安撫使。八月甲申，鄭寀罷同簽書樞密院事，守舊職奉祠。甲辰，參知政事高定子卒。

	八年戊申
	九月庚午，太傅、右丞相、兼樞密使、越國公鄭清之以明堂禮成，加食邑一千戶，食實封四百戶。 鄭清之
院事除兼權參知政事。七月丁卯，別之傑除參知政事。鄭寀除端明殿學士、同簽書樞密院事。	五月己巳，趙葵自樞密使、兼參知政事、督視江淮京西湖北軍馬兼知建康軍府事特授宣奉大夫，依前樞密使、兼參知政事、督視江淮京西湖北軍馬兼知建康府事，兼管內勸農使、兼行宮留守、江南東路安撫使馬步軍都總管、長沙郡開國公，加封邑。七月辛亥，王伯大自簽書
	七月癸酉，王伯大以資政殿學士知建寧府。十月甲戌，參知政事別之傑乞歸田里，乙亥，除資政殿大學士、知紹興府。

樞密院事除參知政事。

應繇自翰林學士、中奉大夫除同知樞密院事。

謝方叔自朝散大夫、試給事中除端明殿學士、簽書樞密院事。

史宅之自正奉大夫、守吏部尚書除端明殿學士、同簽書樞密院事。

九月庚午，樞密使、兼參知政事、督視江淮京西湖北軍馬趙葵以明堂禮成，加食邑一千戶，食實邑四百戶。

十月乙亥，應繇、謝方叔並

年	宰相進拜加官	宰相罷免	執政進拜加官	執政罷免
			兼參知政事。	
九年己酉	閏二月甲辰，鄭清之自太傅、右丞相兼樞密使、越國公特授太師〔八〕、左丞相兼樞密使，進封魏國公，加封邑。 趙葵自樞密使、兼參知政事特授金紫光祿大夫、右丞相兼樞密使，加封邑。 鄭清之 趙葵	正月己巳，前左丞相范鍾薨。	閏二月甲辰，應繇、謝方叔並參知政事。 史宅之自同簽書樞密院事除同知樞密院事。 十二月乙巳，吳潛自同簽書樞密院事除同知樞密院事兼參知政事〔九〕。 徐清叟自朝請大夫、試禮部尚書除同知樞密院事兼參知政事〔一〇〕。	正月丁卯，前簽書樞密院事許應龍卒。 閏二月甲辰，陳韡以觀文殿學士、福建安撫大使知福州。 吳淵以端明殿學士、沿江制置使、江東安撫使兼知建康府兼行宮留守。 五月甲午，前同簽書樞密院事鄭寀卒。 十一月庚辰，參知政事應繇乞歸田里，除資政殿學士、知平江

府。

十二月壬子，同知樞密院事史宅之卒。

十年庚戌

鄭清之
趙葵

三月戊子，右丞相兼樞密使趙葵辭相位，特授觀文殿大學士、充醴泉觀使、兼侍讀，仍奉朝請，依前金紫光祿大夫，封邑如故，十一月壬申，加特進，依舊觀文殿大學士，判潭州、湖南安撫大使，戊寅，進封信國公，加封邑。

三月庚寅，賈似道除端明殿學士、兩淮制置大使、淮東安撫使、知揚州、五月丙寅，吳淵除資政殿學士，依舊職任，與執政恩數〔二〕。

五月，吳潛自同知樞密院事除資政殿學士，帥沿江。

年	宰相進拜加官	宰相去位	執政進拜加官
十一年辛亥	四月己酉，鄭清之依前太傅、左丞相兼樞密使兼修國史日曆、魏國公，加封邑。 十月戊戌，再加封邑，十一月甲辰，進封齊國公。 十一月甲寅，謝方叔自知樞密院事授正奉大夫，除左丞相兼樞密使，依前永康郡開國公，加封邑。 吳潛自參知政事授宣奉大夫、右丞相兼樞密使，依前金陵郡開國公，加封邑。 鄭清之 謝方叔 吳潛	十一月庚戌，太傅、左丞相、齊國公鄭清之薨。	三月戊寅，謝方叔自中大夫、參知政事除知樞密院事兼參知政事。 吳潛自太中大夫、同知樞密院事除參知政事。 徐清叟自朝請大夫、簽書樞密院事除中大夫、同知樞密院事。 四月己酉，謝方叔特授通議大夫，依前知樞密院事兼參知政事、永康郡開國公。 十月丁酉，謝方叔除通議大夫、知樞密院事兼參知政事、永康郡開國公。

			十二月丙辰，董槐召除簽書樞密院事。	
1252 十二年壬子	謝方叔 吳潛	十一月庚寅，右丞相吳潛罷，十二月乙卯，除觀文殿大學士、提舉江州太平興國宮。	十月癸丑，徐清叟自同知樞密院事除參知政事。董槐自簽書樞密院事除同知樞密院事。	
1253 寶祐元年癸丑	謝方叔		七月庚子，董槐自同知樞密院事除兼權參知政事。	三月丙申，前參知政事別之傑卒，四月戊申，贈少師。七月壬午，前參知政事王伯大卒。十二月，前參知政事劉伯正卒。

1254 二年甲寅	九月戊辰，左丞相謝方叔以明堂禮成加封邑，十月丙戌，特授銀青光祿大夫，加封邑，尋授金紫光祿大夫，進封惠國公，再加封邑。謝方叔	十一月甲寅，趙葵依前特進、觀文殿大學士、充醴泉觀使，免奉朝請，信國公、加封邑。吳潛依前觀文殿大學士、宣奉大夫、提舉臨安府洞霄宮、金陵郡開國公，加封邑。	五月乙丑，徐淸叟自參知政事除知樞密院事兼參知政事。董槐自同知樞密院事除參知政事。李曾伯除參知政事，帥蜀郡。賈似道除銀青光祿大夫、同知樞密院事、兩淮制置大使兼淮南東西路安撫使、知揚州軍州事兼管內勸農營田屯田等使、臨海郡開國公，加封邑。十月丙戌，徐淸叟特授正議大夫，依前知樞密院事	

	三年乙卯
	八月乙丑，董槐自通奉大夫、參知政事特授宣奉大夫、右丞相兼樞密使，依前濠梁郡開國公，加封邑。 謝方叔 董槐
	四月甲戌，趙葵依前特進、觀文殿大學士、信國公特授荊湖南路〔三〕安撫大使、判潭州事。 七月丙辰，左丞相謝方叔爲朱應元所劾，八月乙丑罷，特授觀
兼參知政事、普寧郡開國公，加封邑。董槐特授通奉大夫，依前參知政事、定遠郡開國公，加封邑。 癸巳，賈似道詔依前官職任，再加封邑。	三月辛巳，吳淵兼夔路策應大使。 六月丙子，王埜自通奉大夫、守禮部尚書除端明殿學士、簽書樞密院事。 程元鳳自中大夫、權工部尚書除端明殿學士、同簽書樞密院事。
	七月丙辰，知樞密院事徐清叟爲朱應元所劾，八月乙丑，除資政殿大學士、提舉隆興府玉隆萬壽宮，九月丙午，依舊官提舉臨安府洞霄宮。 六月辛卯，王埜罷簽

		文殿大學士、提舉臨安府洞霄宮，依前金紫光祿大夫、惠國公，封邑知故。景定二年七月戊寅，以常挺言追奪合得恩數。八月辛未，趙葵依舊官除沿江制置使，八月戊子，依前特進、觀文殿大學士、醴泉觀使、信國公，免奉朝請。	賈似道自銀青光祿大夫、同知樞密院事特授金紫光祿大夫，加封邑。八月乙丑，程元鳳依舊端明殿學士，除簽書樞密院事〔三〕。蔡抗自太中大夫、守尙書工部侍郎除端明殿學士、同簽書樞密院事。吳淵依舊官兼京湖屯田大使。	書樞密院事。八月丙子，前知樞密院事鄭性之兼參知政事卒〔四〕。庚寅，應繇爲丁大全所劾，落職罷祠，勒令致仕，辛卯卒。
四年丙辰	七月乙卯，程元鳳自參知政事特授通奉大夫、右丞相兼樞密使，進封新安郡開國公，加封邑。	六月癸未，右丞相董槐爲丁大全所劾，詔程元鳳、蔡抗時暫輪日當筆。	四月癸未，賈似道自同知樞密院事除參知政事，依舊兩淮制置大使兼淮東西安撫使兼知揚州。	四月己丑，徐淸叟、王埜並褫職罷祠。十二月庚申，參知政事蔡抗擅自去國，爲

董槐
程元鳳

七月癸巳，董槐特授觀文殿大學士、提舉臨安府洞霄宮，景定二年正月己卯，依前觀文殿大學士、宣奉大夫、福建路安撫大使、濠梁郡開國公致仕。

程元鳳自簽書樞密院事除參知政事。

蔡抗自同簽書樞密院事除同知樞密院事，七月乙卯，除參知政事。

張磻自權刑部尚書除端明殿學士、簽書樞密院事，十一月癸丑，除同知樞密院事。

丁大全自侍御史兼侍讀除端明殿學士、簽書樞密院事。

馬天驥自中奉大夫、試尚書禮部侍郎除同簽書樞密院事。

林存所劾，罷職予祠。

五年丁巳

程元鳳

正月丁亥，趙葵除少保、寧遠軍節度使、京湖宣撫大使、判江陵府兼夔路策應大使，丁酉，進封衞國公，加封邑。二月辛酉，兼湖廣總領。

正月丁亥，賈似道自金紫光祿大夫、參知政事除知樞密院事，依舊兩淮制置大使、兼兩淮宣撫使兼知揚州。

吳淵自觀文殿學士、正奉大夫除參知政事。

二月戊午，賈似道除兼兩淮安撫制置大使。

八月庚子，張磻自同知樞密院事除參知政事。

丁大全自簽書樞密院事進同知樞密院事兼權參知政事〔一五〕。

十月丁酉，林存自試尚書

正月甲辰，吳淵特授光祿大夫、守參知政事致仕，辛亥卒。

十月己丑，張磻特轉三官，守參知政事致仕，明日卒。

			吏部侍郎除端明殿學士、簽書樞密院事。	
六年戊午	四月丁未，丁大全自參知政事特授正奉大夫、右丞相兼樞密使，依舊丹陽郡開國公，加封邑。 程元鳳 丁大全	二月辛巳，趙葵依舊少保、寧遠軍節度使、判福州、兼福建路安撫大使、馬步軍都總管，四月甲辰，依舊少保、寧遠軍節度使、衞國公除醴泉觀使兼侍讀。 四月甲辰，右丞相程元鳳辭職，詔丁大全、林存時暫輪日當筆。 丁未，元鳳特授觀文殿大學士、判福州、福	正月辛亥，丁大全自同知樞密院事除參知政事兼同知樞密院事。 林存自簽書樞密院事除兼權參知政事。 四月丁未，林存除同知樞密院事兼權參知政事。 朱熠端明殿學士、簽書樞密院事，十一月壬戌，進同知樞密院事兼權參知政事。 饒虎臣自尚書禮部侍郎除端明殿學士、簽書樞密	十一月丁巳，林存以資政殿學士知建寧府。

		建安撫大使，依前金紫光祿大夫、新安郡開國公，封邑如故。六月乙未，程元鳳辭免觀文殿大學士、判福州，詔仍前觀文殿大學士、提舉臨安府洞霄宮。	院事。賈似道自知樞密院事進樞密使、兩淮宣撫大使。辛未，朱熠仍舊職，特授中大夫。	
開慶元年 己未	十月壬申，吳潛自銀青光祿大夫、醴泉觀使、兼侍讀、崇國公，特進、左丞相兼樞密使〔二六〕，進封相國公，加封邑，丙子，改封慶國公。賈似道自金紫光祿大夫、樞密使授特進、右丞相兼	九月辛酉，趙葵依舊特進、觀文殿大學士、衞國公、判慶元府、沿海制置大使。十月壬申，丁大全罷右丞相，授觀文殿大學士、光祿大夫、判鎮	正月丁卯，賈似道依前金紫光祿大夫、樞密使改除京西湖南北四川宣撫大使、都大提舉兩淮兵甲、總領湖廣京西財賦湖北京西軍馬錢糧、專一報發御前軍馬文字、兼提領措置	正月乙丑，林存以資政殿學士知建寧府，二月丁亥，依舊資政殿學士、提舉臨安府洞霄宮。七月庚戌，蔡抗自參知政事致仕，癸亥卒。

樞密使，依前京西湖南北四川宣撫大使、都大提舉兩淮兵甲、總領湖廣江西京西財賦、湖北京西軍馬錢糧、專一報發御前軍馬文字、兼提領措置屯田、判江陵軍府事兼管內勸農營田使，進封茂國公，加封邑。

十二月壬子，吳潛改封許國公，賈似道改封肅國公。

丁大全

吳潛

賈似道

江府，依前丹陽郡開國公，加封邑。景定三年七月戊寅，以常挺言，責授彰州團練副使，貴州安置〔七〕。

癸酉，趙葵依前特進、觀文殿大學士特授沿江江東宣撫大使，置司建康府，任責隆興府饒州江州徽州兩界防拓調遣〔八〕，時暫〔九〕兼判建康府、行宮留守、衞國公。

八月戊子，吳潛依舊觀文殿大學士、判寧

屯田兼知江陵軍府事兼管內勸農營田使、臨海郡開國公，封邑如故。

六月辛巳，朱熠自同知樞密院事除參知政事。饒虎臣自簽書樞密院事除同知樞密院事。

九月庚申，戴慶炣除端明殿學士、簽書樞密院事。

十一月壬寅，朱熠自參知政事除兼權知樞密院事。饒虎臣、戴慶炣並兼權參知政事。

		國府、特進、崇國公，九月丙寅，依前觀文殿大學士、銀青光祿大夫，特授醴泉觀使、兼侍讀、崇國公。		
景定元年 庚申	四月癸丑，賈似道特授少師，依前右丞相兼樞密使，進封衞國公，加封邑，七月庚寅，兼太子少師。 吳潛 賈似道	四月己酉，吳潛罷右相，除觀文殿大學士、提舉臨安府洞霄宮。 五月戊辰，趙葵依舊少保，除兩淮宣撫大使、判揚州，進封魯國公。 八月壬寅，程元鳳依舊觀文殿大學士，除淮浙發運使、判平江	四月癸丑，朱熠自兼權知樞密院事除知樞密院事兼參知政事。 饒虎臣自兼權參知政事除參知政事。 戴慶炣自兼權參知政事除同知樞密院事兼參知政事。 皮龍榮除端明殿學士、簽書樞密院事。	五月戊辰，饒虎臣罷參知政事，戊子，以資政殿學士提舉臨安府洞霄宮。 八月庚辰，前參知政事戴慶炣卒。 六月戊申，前簽書王埜卒。 九月甲午，厲文翁依舊端明殿學士、提舉

	二年辛酉
	正月己卯，賈似道自太保、右丞相以進書加太傅。 賈似道
府〔三〕，明年十一月己未，授特進、醴泉觀使兼侍讀，依前觀文殿大學士、新安郡開國公，封邑如故。	
五月癸未〔三〇〕，皮龍榮自簽書樞密院事除兼權參知政事。 沈炎除端明殿學士、同簽書樞密院事。	三月癸未，知樞密院事朱熠、簽書樞密院事皮龍榮、同簽書樞密院事沈炎以進書各轉兩官。 四月乙未，皮龍榮自簽書樞密院事除參知政事。 沈炎自同簽書樞密院事除同知樞密院事兼權參知政事。 何夢然自試右諫議大夫
臨安府洞霄宮。	三月戊子，朱熠罷知樞密院事，以觀文殿學士知建寧府。 七月壬申，福建安撫大使陳韡卒。 十月丙辰，沈炎除資政殿學士、提舉臨安府洞霄宮。 十二月壬辰，江萬里爲光純父所劾，壬寅，

除簽書樞密院事。

八月乙巳，江萬里自通奉大夫、守吏部尚書除端明殿學士、同簽書樞密院事。

十月丙午，何夢然自簽書樞密院事授中大夫，除同知樞密院事兼參知政事。

十二月甲午，皮龍榮自參知政事除兼權知樞密院事。

何夢然自同簽書樞密院事除參知政事。

馬光祖自觀文殿學士除同知樞密院事，依舊兼提領戶部財用兼知臨安府、

依舊端明殿學士、提舉臨安府洞霄宮。

三年壬戌

賈似道

六月己亥，董槐依舊觀文殿大學士除特進致仕。

浙西安撫使兼太子賓客。

三月乙丑，孫附鳳自右諫議大夫兼侍講除簽書樞密院事兼太子賓客，六月庚寅，除兼權參知政事。

楊棟自通奉大夫、試禮部尚書除端明殿學士、同簽書樞密院事兼太子賓客。

十月甲子，楊棟依舊端明殿學士除簽書樞密院事兼權參知政事、兼太子賓客。

葉夢鼎自試吏部尚書除端明殿學士、同簽書樞密院事兼太子賓客。

二月，皮龍榮自知樞密院事以資政殿學士爲湖南安撫使。

九月戊辰，資政殿學士沈炎薨。

十月辛未，徐清叟授宣奉大夫、守觀文殿學士致仕，十一月丙申，卒。

1263 四年癸亥	賈似道		三月庚子，何夢然自參知政事除兼權知樞密院事，九月甲午，除知樞密院事兼參知政事。楊棟自簽書樞密院事除同知樞密院事兼權參知政事〔三〕。葉夢鼎自同簽書樞密院事除簽書樞密院事。	六月丁巳，馬光祖依舊觀文殿學士、提舉臨安府洞霄宮。
1264 五年甲子 度宗十月丁卯即位	賈似道		五月辛卯，楊棟自同知樞密院事除參知政事。葉夢鼎自簽書樞密院事除同知樞密院事兼權參知政事。姚希得除簽書樞密院事	

	咸淳元年 乙丑
	四月甲寅，賈似道除太師，依舊右丞相兼樞密使、魏國公。 賈似道
	三月壬午，太傅、右丞相、兼樞密使、魏國公賈似道爲理宗禮宮總護使，五月丙戌，依前太師除鎮東軍節度使、充侍讀、魏國公〔二四〕，仍奉朝請。
並兼太子賓客，八月乙丑，除權參知政事〔二三〕。 十一月乙未，葉夢鼎自同知樞密院事除參知政事。 姚希得自簽書進同知樞密院事兼參知政事。	正月癸巳，姚希得自正議大夫特授光祿大夫，依前同知樞密院事兼權參知政事。 葉夢鼎自宣奉大夫特授銀青光祿大夫，依前參知政事。 二月丁未，姚希得自同知樞密院事除參知政事。
	正月丁丑，皮龍榮、楊棟並依舊職提舉臨安府洞霄宮。

江萬里自簽書樞密院事進同知樞密院事。

戊申，楊棟依舊職知慶元府兼沿海制置使。

壬戌，王爚依舊端明殿學士除簽書樞密院事。

閏五月癸丑，江萬里自同知樞密院事除參知政事。

王爚自簽書樞密院事進同知樞密院事兼權參知政事。

馬廷鸞自權禮部尚書除端明殿學士、簽書樞密院事。

十月壬午，楊棟詔復元官。

			十一月辛丑，留夢炎自權禮部尙書除端明殿學士、簽書樞密院事。	
1266 二年丙寅	賈似道	十一月己亥，趙葵自觀文殿大學士除少師、武安軍節度使致仕。	五月甲寅，王爚自同知樞密院事除參知政事。留夢炎自簽書樞密院事進同知樞密院事。包恢自守刑部尙書除端明殿學士、簽書樞密院事。	正月癸丑，江萬里乞祠，除湖南安撫使兼知潭州。四月壬午，姚希得以資政殿學士提舉臨安府洞霄宮。丁亥，王爚以病免同知樞密院事〔三五〕。
1267 三年丁卯	正月戊戌，太師〔三四〕、右丞相賈似道特轉兩官，二月乙丑，除太師，特授平章軍國重事，一月三赴經筵，三	三月丁未，程元鳳爲監察御史陳宜中所劾，罷右丞相，依舊少保、觀文殿大學士、醴	正月壬辰，王爚自同知樞密院事進知樞密院事兼參知政事。留夢炎自同知樞密院事	六月己巳，姚希得依舊職資政殿學士，特與宮觀致仕。辛未，楊棟仍舊資政

日一朝，就赴都堂治事。
三月壬辰，程元鳳自少保、觀文殿大學士除少傅、右丞相兼樞密使，進封吉國公，加封邑。
八月辛未，葉夢鼎自金紫光祿大夫、參知政事除特進、右丞相兼樞密使。
賈似道
程元鳳
葉夢鼎

泉觀使。

兼參知政事。
葉夢鼎自知慶元軍府事除參知政事。
常挺自吏部尚書除端明殿學士、簽書樞密院事。
戊戌，王爚自知樞密院事特授光祿大夫，職任依前，仍加封邑。
留夢炎自參知政事特授通議大夫，職任依前，進封信安郡開國公。
常挺自簽書樞密院事特授通奉大夫，職任依前，仍加封邑。
六月壬戌，馬光祖自沿江

殿學士特與宮觀致仕。
己卯，王爚除資政殿學士、知慶元府兼沿海制置使。
厲文翁以資政殿大學士、朝請大夫贈七官致仕。

制置大使除參知政事。八月辛未，留夢炎自參知政事除樞密使。壬申，常挺自簽書樞密院事進同知樞密院事兼權參知政事，十一月庚戌，除參知政事。馬廷鸞自簽書樞密院事進同知樞密院事。

四年戊辰

八月壬寅，太師平章軍國重事賈似道、右丞相兼樞密使葉夢鼎各進二秩。

賈似道

葉夢鼎

四月庚寅，馬廷鸞除兼權參知政事。

正月乙巳，留夢炎除觀文殿學士、知潭州、湖南安撫使、起居郎兼侍講。

十一月壬戌，常挺以資政殿學士致仕，丁

				未，贈少保〔三〕。十二月丙戌，包恢以資政殿學士致仕。
[1269] 五年己巳	三月戊辰，江萬里自參知政事進一秩，除左丞相兼樞密使。馬廷鸞自參知政事進一秩，除右丞相兼樞密使。 賈似道 葉夢鼎 江萬里 馬廷鸞	正月癸亥，葉夢鼎罷右相，依前少保特授觀文殿大學士、判福州軍州事兼管內勸農使、福建路安撫大使、馬步軍都總管，進封信國公。 三月庚戌，程元鳳守少保、觀文殿大學士致仕。	正月甲子，馬廷鸞自同知樞密院事除參知政事兼同知樞密院事。 甲戌，江萬里自湖南安撫使除參知政事。 三月己巳，馬光祖自參知政事除知樞密院事兼參知政事。	五月己酉，馬光祖依舊觀文殿學士、提舉臨安府洞霄宮。
[1270] 六年庚午	賈似道	正月丙寅，江萬里爲	正月丙寅，陳宗禮除端明	十一月乙未，陳宗禮

	江萬里 馬廷鸞	鮑度所劾，罷左相，戊辰，以觀文殿學士知福州、福建安撫使。	殿學士、簽書樞密院事。 趙順孫自吏部侍郎除端明殿學士、同簽書樞密院事。 十月甲申，陳宗禮、趙順孫並兼權參知政事。	進資政殿學士、守兼參知政事致仕。
七年辛未	賈似道 馬廷鸞	十二月己亥，謝方叔特敍復元官，以惠國公致仕。		正月壬申，楊棟升觀文殿學士致仕。
八年壬申	十二月甲寅，葉夢鼎自少保、觀文殿學士除少傅、右丞相、兼樞密使，屢辭不拜。 賈似道 馬廷鸞	十一月乙卯，馬廷鸞罷右相，除觀文殿學士、知饒州，己未，免知饒州，以觀文殿學士、鄱陽郡公提舉洞霄	三月丙子，趙順孫自同知樞密院事兼參知政事授中大夫。 六月丁酉，章鑑自權吏部尚書除端明殿學士、同簽	五月己巳，王爚除觀文殿學士、提舉萬壽觀、兼侍讀。 十二月丁未，留夢炎以臺臣言奪職罷祠。

年	宰相進拜加官	宰相罷免	執政進拜加官	執政罷免
		宮，九年十二月甲子，除浙東安撫使、知紹興府。	書樞密院事，十月丁未，兼權參知政事。	
1273 九年癸酉	賈似道		九月辛巳，章鑑自同簽書除簽書樞密院事。 陳宜中自兼權吏部尚書除端明殿學士、同簽書樞密院事。	
1274 十年甲戌 七月癸未瀛國公即位	十一月丙戌，王爚自知樞密院事〔二〇〕進兩秩，除左丞相兼樞密使。 章鑑自同知樞密院事進兩秩，除右丞相兼樞密使。 十二月癸亥，賈似道依舊	正月戊子，江萬里乞與疾去任，詔依舊觀文殿大學士、提舉洞霄宮。	十月乙丑，章鑑自簽書進同知樞密院事兼權參知政事。 陳宜中自同簽書除簽書樞密院事、兼權參知政事。	二月己酉，趙順孫自同簽書除福建安撫使。 正月己丑，留夢炎除知潭州兼湖南安撫使，四月辛亥，依舊觀

	起復太師、平章軍國重事、魏國公、都督諸路軍馬。 賈似道 王爚 章鑑			文殿學士、知潭州兼湖南安撫使。
1275 德祐元年 乙亥	三月乙亥，王爚自觀文殿學士除左丞相兼樞密使；丙子，陳宜中自知樞密院事除特進、右丞相兼樞密使；己卯，並都督諸路軍馬。四月丙辰，王爚詔如文彥博故事，朝參起居外並免拜，六月甲寅除平章軍國重事，一月兩赴經筵，五日一朝。	二月庚午，陳宜中乞誅似道，詔罷平章、都督，予祠。三月丙子，章鑑罷右相，予祠，戊戌，罷祠，六月庚戌，放歸田里。七月壬辰，罷王爚爲醴泉觀使。九月己巳，陳宜中授觀文殿大學士、醴泉	正月乙酉，陳宜中自簽書樞密院事進同知樞密院事兼參知政事，二月己巳，除知樞密院事兼參知政事。曾淵子除同知樞密院事、兩浙安撫制置大使（二九）兼知臨安府。文及翁自試尚書禮部侍郎除簽書樞密院事。	三月庚寅，曾淵子自同知樞密院事除兩浙轉運副使（三〇）。四月己未，文及翁、倪普削一官，奪執政恩數。

陳宜中左丞相兼樞密使、觀使、兼侍讀。都督諸路兵馬。

留夢炎除右丞相兼樞密使、都督諸路兵馬，十月丁未，除左丞相。

陳宜中自觀文殿大學士除右丞相兼樞密使。

賈似道

王爚

陳宜中

留夢炎

十一月乙未，左丞相留夢炎遁，丙午，遣使召還。

十二月戊申，王爚薨。

倪普除同簽書樞密院事。

二月丁未，姚希得除參知政事〔三〇〕。

三月丙申，陳合除同簽書樞密院事。

四月壬子，高斯得除簽書樞密院事兼權參知政事。

四月丁卯，李庭芝除參知政事。

七月乙未，陳文龍除簽書樞密院事兼權參知政事。

十一月庚午，除同知樞密院事兼權參知政事。

黃鏞除同簽書樞密院事。

十二月庚子，吳堅除簽書

年	宰相進拜加官	宰相罷免	執政進拜加官	執政罷免
			樞密院事。黃鏞除兼權參知政事。癸卯，陳文龍除參知政事兼權知樞密院事。謝堂賜同進士出身，除同知樞密院事。	
二年丙子	正月辛未，吳堅自簽書除左丞相兼樞密使。乙酉，文天祥自知臨安府除右丞相兼樞密使。陳宜中 吳堅 文天祥	正月甲申，右丞相陳宜中遁。	正月庚午，黃鏞自同簽書除參知政事〔三〕。辛未，常楙除參知政事。丁丑，夏士林除簽書樞密院事。己卯，全允堅加太尉，除參知政事〔三〕。乙酉，家鉉翁賜進士出身，除簽書樞密院事。	正月庚午，參知政事陳文龍遁。謝堂除兩浙鎮撫大使。己卯，參知政事常楙遁。庚申，簽書夏士林遁。

賈餘慶除簽書樞密院事、知臨安府。

校勘記

〔一〕兼同知樞密院事　「兼」原作「除」，據本書卷四一九本傳、宋史全文卷三三改。

〔二〕鄭清之端明殿學士除簽書樞密院事　按本書卷四一理宗紀、宋史全文卷三一都作「鄭清之端明殿學士、簽書樞密院事」，本書卷四一四本傳：「升兼修國史、實錄院修撰、端明殿學士、簽書樞密院事。」此處「除」字當移置「鄭清之」下。

〔三〕十月丙辰宰執以火延太廟五奏乞鐫罷詔史彌遠特降奉化郡公　原繫在紹定五年。按本書卷四一理宗紀，臨安火延及太廟事在紹定四年九月，宋史全文卷三一載史彌遠、薛極等降官都在四年十月丙辰，今據改正。下文同日「薛極等降官」條同。

〔四〕少中大夫　本書卷四二理宗紀、卷四一九本傳不載此事，宋史全文卷三三也未書余本官；按宋代典籍職官中無此一階，疑誤。

〔五〕同簽書樞密院事　「同」字原脫，據本書卷四一七本傳、宋史全文卷三三補。下文「八月戊戌」

條同。

〔六〕知樞密院事兼參知政事　按劉伯正本年正月除簽書，至十二月未見有「知樞密院事」的記載，疑「知」爲「簽書」之誤。又本書卷四一九本傳，謂劉自兼權參知政事眞拜參知政事，此處「參」上應有一「權」字。

〔七〕湖南安撫大使　「大」字原脫，據本書卷四一九本傳、劉克莊後村先生大全集卷一四六陳韡神道碑補。

〔八〕特授太師　按鄭清之於本月甲辰詔授太師，乙卯卽辭免太師，奏凡五上，見本書卷四三理宗紀、宋史全文卷三四。本條下應有辭免太師之文方合。

〔九〕吳潛自同簽書樞密院事除同知樞密院事兼參知政事　按本書卷四一八本傳，吳潛自罷知福州後徒知紹興府，這次再入密院兼參政是由浙東內召，非自同簽書樞密院事遷除，此處誤。

〔一〇〕除同知樞密院事兼參知政事　按本書卷四三理宗紀及卷四二〇本傳、宋史全文卷三四都作除簽書樞密院事，而不及兼參知政事。此處「同知」爲「簽書」之誤；「兼參知政事」五字疑衍。

〔一一〕與執政恩數　「恩數」二字原脫，據本書卷四三理宗紀、宋史全文卷三四補。

〔一二〕荆湖南路　原作「京湖南路」。按宋無「京湖南路」，本書卷四一七趙葵傳作「湖南」，卽本書卷八八地理志的荆湖南路，今改。

〔三〕除簽書樞密院事　按本書卷四四理宗紀、宋史全文卷三五都作以程元鳳爲「簽書樞密院事兼權參知政事」，疑此處脫「兼權參知政事」六字。

〔四〕前知樞密院事鄭性之兼參知政事卒　按上文及後村先生大全集卷一四七鄭性之神道碑都說鄭除知樞密院事兼參知政事在嘉熙元年二月，本條旨在記鄭性之之卒，兼參知政事乃追述其舊銜，並非本年又有除授，故列入罷免欄。「兼參知政事」應移置「鄭性之」三字前。

〔五〕兼權參知政事　「權」字原脫，據本書卷四四理宗紀、卷四七四本傳補。

〔六〕特進左丞相兼樞密使　按本書卷四一八本傳說是「拜特進、左丞相」，宋史全文卷三六作「以吳潛爲左丞相兼樞密使」。依本表例，此處「特進」上應有「授」字。

〔七〕彰州團練副使貴州安置　按宋無「彰州」，本書卷四五理宗紀作「責授新州團練使」。但據同書卷四一四本傳、宋史全文卷三六及宋季三朝政要卷三都說丁實先責授貴州團練副使，後徙新州，「紀」、「表」都誤。參看理宗紀校勘記。

〔八〕防拓調遣　「拓」原作「招」。按宋代典籍中「防拓」一詞屢見，又作「防托」或「防託」，「招」爲「拓」之訛，據本書卷四一七本傳改。

〔九〕時暫　原作「時督」，據上文寶祐四年「六月癸未」條語例和本書卷四一七本傳改。

〔一〇〕五月癸未　「五月」二字原脫，據本書卷四五理宗紀、宋史全文卷三六補。

〔二一〕觀文殿大學士除淮浙發運使判平江府　「大」字原置在「發運」下，「判」下原衍「知」字，據下文及本書卷四五理宗紀、卷四一八本傳改正。

〔二二〕楊棟自簽書樞密院事除同知樞密院事兼權參知政事　「楊棟」上原衍「三月庚子」四字。按本書卷四五理宗紀、宋史全文卷三六都說楊棟除知樞密院事在九月甲午而非三月庚子，本條即在上文「九月甲午」之下，「三月庚子」不應複出，今刪。

〔二三〕除權參知政事　「權」字原脫，據本書卷四二一本傳、宋史全文卷三六補。

〔二四〕魏國公　原作「衞國公」。按上文四月甲寅賈似道已封魏國公，下文咸淳十年十二月癸亥賈起復依舊爲魏國公，未曾改封衞國公；宋史全文卷三六咸淳三年正月也作「魏國公」，據改。

〔二五〕王爚以病免同知樞密院事　按下文咸淳三年「正月壬辰」條，王爚自同知樞密院事進知樞密院事兼參知政事；本書卷四一八本傳，又說咸淳二年王幾次以病乞免，都不許。可見王本年並未免官，此處誤。

〔二六〕太師　原作「太傅」。按賈似道已於咸淳元年除太師，見上文和本書卷四六度宗紀；宋史全文卷三六咸淳三年仍作「太師」。此處和下文十年十二月「賈似道起復」條的「太傅」，都應是「太師」之誤，今改。

〔二七〕常挺以資政殿學士致仕丁未贈少保　按本書卷四六度宗紀、卷四二一本傳都說：常挺「卒，贈少保」。此處「贈少保」前當脫「卒」字。

〔二八〕王爚自知樞密院事　按王已於三年六月除資政殿學士、知慶元府，八年入爲宮觀官，見本表上文和本書卷四一八本傳。此處拜相不應仍書舊銜。

〔二九〕兩浙安撫制置大使　「浙」原作「淮」。按曾淵子是以同知樞密院事知臨安府，見上文和宋季三朝政要卷五。臨安屬兩浙，不應帶兩淮安撫制置；本書卷四七瀛國公紀作「兩浙安撫制置大使」，據改。

〔三〇〕二月丁未姚希得除參知政事　據本書卷四二一本傳，姚死於咸淳二年，此時不應再有除授。本條當是咸淳元年「二月丁未」條的重文。

〔三一〕曾淵子自同知樞密院事除兩浙轉運副使　按曾已任至安撫制置大使，不應又除轉運副使。本書卷四七瀛國公紀同日條說：同知樞密院事曾淵子、兩浙轉運副使許自等相繼皆遁。此處誤。

〔三二〕黃鏞自同簽書除參知政事　本書卷四七瀛國公紀同日條說：同簽書樞密院事黃鏞、參知政事陳文龍遁。此處誤。

〔三三〕全允堅加太尉除參知政事　考異卷七四說：「按瀛國公紀是日加全永堅（卽允堅也，允、永聲相近）太尉，參知政事常楙遁，本各是一事。『參知政事』屬下句，永堅以后族加太尉，不爲參政也。表又誤。」